金春喜 著

「発達障害」とされる外国人の子どもたち

フィリピンから来日したきょうだいをめぐる、10人の大人たちの語り

明石書店

まえがき

私が嫌いなのは、祖父母や母親が日本で直面したトラブルや困難を話し、不平不満を言うことだった。彼らの語る、在日コリアンとしての差別経験を始めとした困難は、いまや何不自由なく日本人の友人たちに囲まれてしあわせに生きる私にとっては、古くさくて耳障りなものでしかなかった。そんなことを聞かなければ私は、自分が外国人の家族に生まれたことを思い出さずに済む。私はしあわせなままなのだ。

小学1年生で日本の公立学校に通い始めたとき、日本人の友達が私をからかった。それで私は父親に、「どうして私ばっかり、韓国人だからってからかわれないといけないの」と文句を言った。父親は、「それは、あなたが韓国人だからじゃないよ。あなたがもっとみんなに優しくすれば、みんなはあなたが韓国人だからって、からかったりはしなくなるよ」と答えた。なるほどと思って、以来、私はなるべく「優しく」過ごすようにした。

いまにして思えば、父親の言ったことは、半分あっていて、半分あっていない。たしかにそれ以来、私にはたくさんの友達ができて、誰にも「韓国人だから」といっていじめられることはなくなった。

まして、大学時代の友人は言う、「そう言えば、あなたって韓国人だったね」。私が「優しくすれば」、友達はできるし、みんなは私が外国人だということを忘れてくれる。けれども、父親が提案した思い込みは、自らが「韓国人だから」ということで困りごとを抱えることがあるのをごまかすこともできるものだったろうと思う。外国人だからということに結びつく何かを、外国人であるという以外の何か、優しさの不足とか、心や気持ちの問題のようなものにすり替えて考えることは、私にとっても父親にとっても、きっとすごく気楽なことだった。

気楽なままの私は、大学院に入学した。もともとは子どもに強い関心を持っていたので、子どもとかかわれるならば、というぐらいの気持ちで、入学直後から、外国人児童に向けた学習支援のボランティア活動に参加し始めた。主にフィリピンから来日した児童たちに、日本語の学習や日々の宿題のサポートをするものだと聞いていた。ボランティアに参加し始めた当初、はりきって一番乗りで教室に到着した私は、電気のつけ方がわからず、真っ暗な教室でみんなを待っていた。ある生徒がその次に教室に着いて、「電気、つけますか」と、スイッチの場所を私に教えてくれた。そのときのことを、私ははっきりと覚えている。その生徒はその後、「発達障害だ」ということで、特別支援学校に進学することとなった。

以来、「昔話」と思っていた祖父母の話を、もうはっきりとは思い出せないけれども、その口ぶりを、よく思い出すようになっている。昔話ではなかった。そう思って私は、ときに切迫した思いを持つ。もし、時代がずれていて、私の祖父母や両親の時代にも、「発達障害だ」と言われることがあったとしたら。彼らが障害者として処遇されることになっていたとしたら。そうだったら、私はいま、どこにいるだろうか。

もちろん、障害者あるいは健常者として生きることに是非や優劣をつけるというのではない。しかし、それでも、日本に生きる「外国人としての困難」に向き合うことはされずに、抵抗できない子どもの時代に障害者としての道を歩むよう決められることを思うと、わだかまりが残る。彼らは「同じ障害」を持つ人々と、何をどこまで共有できるというのだろうか。

自分が外国人の家族に生まれたことを忘れ、家族が経験した困難の語りに耳を塞ぐのは、とても気楽で平和だった。そうすれば、問題なんて存在しないところに生きている気分になれる。けれども、そうすること自体、何かを見えなくする仕組みに乗っかり、誰かを見えないままにすることに加担していたのだろうと、いまになってみれば、そう思う。およそ20年と、そういう態度をとってきた者が、ここ1年や2年、反省してみたところで、言えることなど限りがあるだろう。けれども、20年の思い込みに気づかせてくれた生徒たちと、20年もの間、自らが目をそむけつづけてきた祖父母たちのことを思って、私はこの本を書き始めた。これによって、私が見聞きした苦難の繰り返しの終わりに近づくことに、少しでも貢献できればと願いつつ。

◇

日本の学校に通う外国人児童が「発達障害だ」と認められ、特別支援学校に進学するようになる、という一連の経緯は、どんなものだったのか。この本は、そんな出来事に目を向け、振り返り、考えるものだ。これまで、この類いの出来事はきわめて見えづらいものだった。そのせいもあってか、詳細に検討し尽くした本はまだない。そんな出来事がどうやって成立したのかを考える最初の本は、きわめて未熟で、舌足らずなものになってしまった。それでも、小さな一石を投じることができれば、との思いを込め、世に送り出した。

2018年の暑い夏から秋にかけて私は、10人の大人たちにインタビューをした。彼らはみな、フィリピンから来日し「発達障害だ」と認められ、特別支援学校に進学することになったきょうだい2人にかかわった保護者や教員たちだ。仕事で多忙な保護者や異動で散らばった教員たちを追いかけ、あちこちを訪れた。やっと会えた10人それぞれに尋ねたのは、「あのとき何を見て、思い、考えていたのか」。すると、外国人児童に「発達障害」の診断が下り、特別支援学校に通うことになった、というたった1つの単調な事実の奥に隠れた、外国人児童の深刻な苦難の様相が浮かび上がってきた。舞台は日本。この一連の出来事の深みにまで目を向けることを通して、外国人児童と彼らを支える人たちの苦難、そしてそれらを見えなくする仕組みがどんなものかを、これから読者とともに考えていきたい。

「発達障害」とされる外国人の子どもたち　◎　目次

第4章　カズキくんとケイタくんの7つの場面　103

序章　外国人児童の「発達障害」に目を向ける

外国から来日し、日本語もよくわからない子どもが、日本の学校に通い始める。しばらく経って、教員たちから「発達障害だ」と疑われる。発達検査を受けることに決まり、子どもは正式に「発達障害だ」と認められる。療育手帳をもらい、特別支援学級に編入する。いままでとは異なる教室で、異なる授業に参加する。卒業が近づいてきて、進学先には特別支援学校を選ぶ……。

これは実際の出来事だ。起きたことは事実なんだから、これ以上、疑うことは何もない。そう思う読者もいるかもしれない。医師が診断したんだから間違いはないはずだ、なのにどうして、改めて考える必要があるのか。いままでに何人もの人に問われてきたし、私自身も何度も問い直してきたことだ。そう思うのは、もっともなことなのだ。

でも、立ち止まって考えてみてほしい。なぜ、こんなことが起きたのか、と。そうすれば、出来事のうわべに目を向けるだけでは答えを用意できないような疑問が、次々と出てくるはずだ。

この出来事にかかわった人たちは、何を考え、何を思っていたのだろうか。あるとき、ある人が、何かを言った。その理由は、何だったのか。それは、誰のためだったのか。何かを選び、何かを選べなかった。それは、どうしてなのか。

そんなことを、1つ1つ考えていく。そして、改めて問う。どうして、いつの間にか「外国人としての困難」は言われなくなり、隠されていったのか、と。

主人公は、フィリピンから来日した2人のきょうだいだ。およそ10年をフィリピンで暮らしてきたきょうだいは、当然、日本語を話すことができない。だが、母親が日本で仕事を見つけたため、親子で来日し、日本で暮らすことになった。異国の学校に通うようになってからは、わからないことだらけだった。彼らなりに、必死で生活した。それでも、教室でただおとなしく座っているのが、精いっぱいだった。

そんな中、たくさんの人が助けてくれた。日本語を教えてくれたり、部活動を勧めてくれた人たちがいた。日本の学校の勉強には到底ついていけない2人が、どうやったら日本の高校に行けるのか。どうしたら、将来、日本で仕事に就けるのか。そんなことまで、その人たちは必死になって考えてくれた。それは他でもない、2人が通っていた中学校の教員たちだ。

あるときから、その教員たちが「発達障害だ」と言うようになった。もし本当に「発達障害」なら、療育手帳を取得して、特別支援学校に行ける。特別支援学校では職業訓練が受けられるし、順当にいけば、日本で就職する道が開ける。教員たちにとって、それは「確かな道」に思えた。他の道や2人の夢は、あきらめなければいけないとしても。

女手一つで2人を育てる母親は、それが悔しかった。フィリピンだったら、自分の子どもに障害があるとは言われずに済んだ。そう思った。特別支援学校に行く必要もなかったはずだ。でも、そんな悔しい気持ちを、日本人の教員たちには言えなかった。

母親は、信頼するフィリピン人の通訳にだけ、母語のタガログ語で本音を打ち明けてみた。けれど通訳は、どうにもできないことを知っていた。板挟みになって、「どうしたらいいのか」と悩みつづけた。

結局、誰も結果を変えることはできなかった。子ども2人は「発達障害」と診断され、療育手帳を取得し、特別支援学校に進学することになった。

高校生になった2人は、片道1時間半かけて、特別支援学校に通うようになった。忙しい母親を気遣って、お弁当は毎朝、自分でつくることにしている。

以上が出来事のあらましだ。どこかで何かがねじれたのを感じた読者がいるかもしれない。異国で暮らす母子3人のもろさを感じた読者もいるだろう。漠然と、腑に落ちずにモヤモヤしている読者もいるかもしれない。

この出来事にあらわれているのは、外国から来日し、日本の学校に通うことになった子どもたちを待ち構える状況の厳しさに他ならない。この厳しさの中で、一筋縄ではいかないことが、山ほどあった。その幾多もの困難は、どのようにして乗り越えられてきたのだろうか。その乗り越え方が選ばれたのは、なぜだったのだろうか。1つ1つ、しつこく、なぜ、なぜ、と考えてみよう。

そして、そんな疑問の数々を出発点として、もっと多くのことを考えていきたい。この出来事が起きた舞台は、まぎれもなく、いまの日本社会だ。だからこそ、この疑問の答えを探っていくことを通して、私たちが生きている現代の日本社会がどのような姿をしているかを、ともに考えてみたい。外国からやってきた子どもが経験する困難の背景に何があるのか、少しずつ近づいて、考えてみよう。

第1節　見えなくされてきた外国人児童たち

(1) 外国人児童が直面する困難

まずは、日本に暮らす外国人の子どもが置かれている状況に目を向けることから始めてみよう。現在、日本にどれだけの数の外国人の子どもがいるか、想像したことがあるだろうか。2018年末の

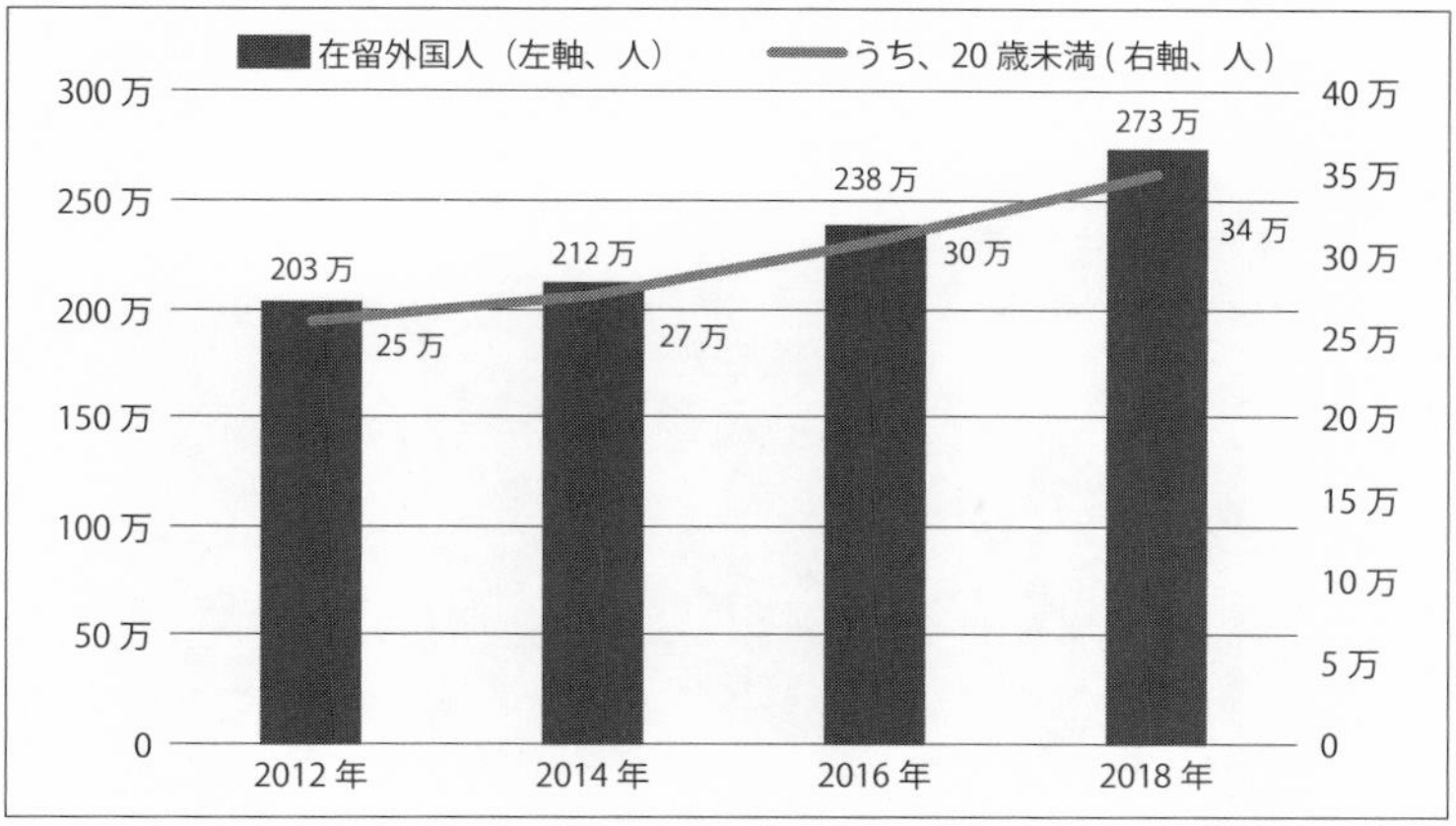

グラフ１　日本に暮らす外国人は年々増えている
各年の在留統計をもとに作成。

時点で日本には外国人が約２７３万人、外国人の子どもは約34万人いる（20歳未満の在留外国人の数）。34万人と言ったら、同じ年に東京都内の公立中学校に通っている生徒数（約22万人）の１・５倍にのぼり、いまや見過ごせない数になっている。また、この人数は５年前から８万人以上も増えていて、これからも増えつづけると見込まれる。

また、外国から来日したために日本語指導を必要とする児童生徒は、２０１８年時点で約５万人いる（文部科学省 2019a）。日本で暮らして学校にも通っているにもかかわらず、日本語ができなかったら、一体どんな生活になるだろうか。困ることが多そうだと、日本で暮らす人なら誰もが直感的に思うのではないだろうか。５万人もの子どもが、そんな状況に置かれているのだ。ちなみに、この人数も10年前の３・３万人と比べて１・５倍に増えており、引きつづき増えると見込

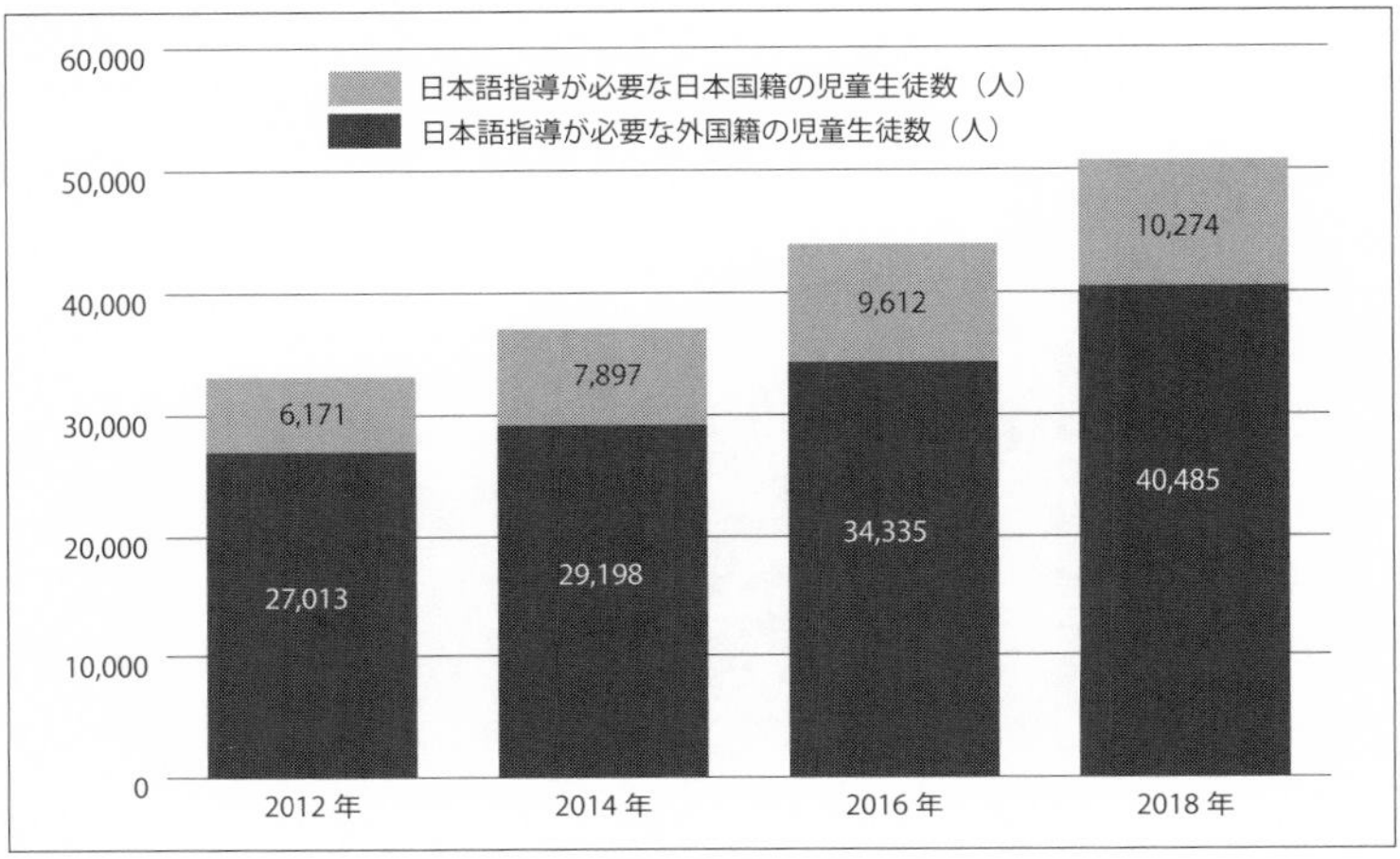

グラフ２　日本語指導が必要な児童生徒数
文部科学省（2019a）をもとに作成。

まれる[1]（文部科学省 2019a）。

このように、日本で暮らす外国人の子どもの数や、日本語ができず勉強が必要な子どもの数は増えつづけている。増加の背景には、外国人が日本に住みつづけるようになったことや、定住した外国人が母国から子どもを含む家族を呼び寄せるようになったことがある（宮島 2017: 16）。

しかし、こうして日本に外国人の子どもや外国からやってくる子どもが増え、また今後も増えることが見込まれる中でも依然として、彼らの生活を支える制度や環境が十分に用意されているとは言いがたい。そんな中で、外国人の子どもたちが深刻な困難に直面することもある。

日本に暮らす子どもが多くの時間を過ごす、学校に目を向けてみよう。たとえば、外国人の子どもには就学義務が適用されない（憲法26条2）。義務教育の対象ではないということだ。そのことで、歴史的には「在日コリアン」たちが苦難を経験してきた。1950年代以降、日本国籍を持たなかった彼らは、日本の義務教育学校で、日本人と同じ条件の、あるいは彼らに必要な条件を満たす教育を受けることはできなかった（宮島 2017: 3）。

そんな日本でも、1979年に国際人権規約、1982年に難民条約を批准してからは「内外人平等」、すなわち「日本人も外国人も平等」だと公式に言われるようになった。外国人の権利をめぐる法的な差別は次第に解消されてきて、外国人の教育への権利も、その正当性が確立してきた（宮島 2017: 3; 岸田 2003: 64）。しかしながら、そうは言いつつ現在でも、外国人の子どもが受けることのできる学校教育は、あくまで「恩恵」と見なされるにとどまる。現に、義務教育年齢にあたる外国人の子ども約12万人のうち15％を超える1・9万人は、不就学の可能性がある（文部科学省 2019b）。日本人の児童たちには義務教育が文字通り義務のように行きわたっている現代にあっても、外国人の子どもは依然として、学校教育を受ける機会から取りこぼされがちなままなのだ。

教育の機会を得られない外国人の子どもの状況を知る手掛かりとして、古いものになるが文部科学省が2001年から2002年に実施した、外国人が集住する自治体での「外国人の子どもの不就学の実態調査」を見てみよう。この調査によると、不就学の子どもの保護者が回答する「不就学の理由」には、「学校へ行くためのお金がないから」（15・6％）、「日本語がわからないから」（12・6％）、「すぐに母国に帰るから」（10・4％）、「母国の学校と生活や習慣が違うから」（8・9％）、「勉強がわ

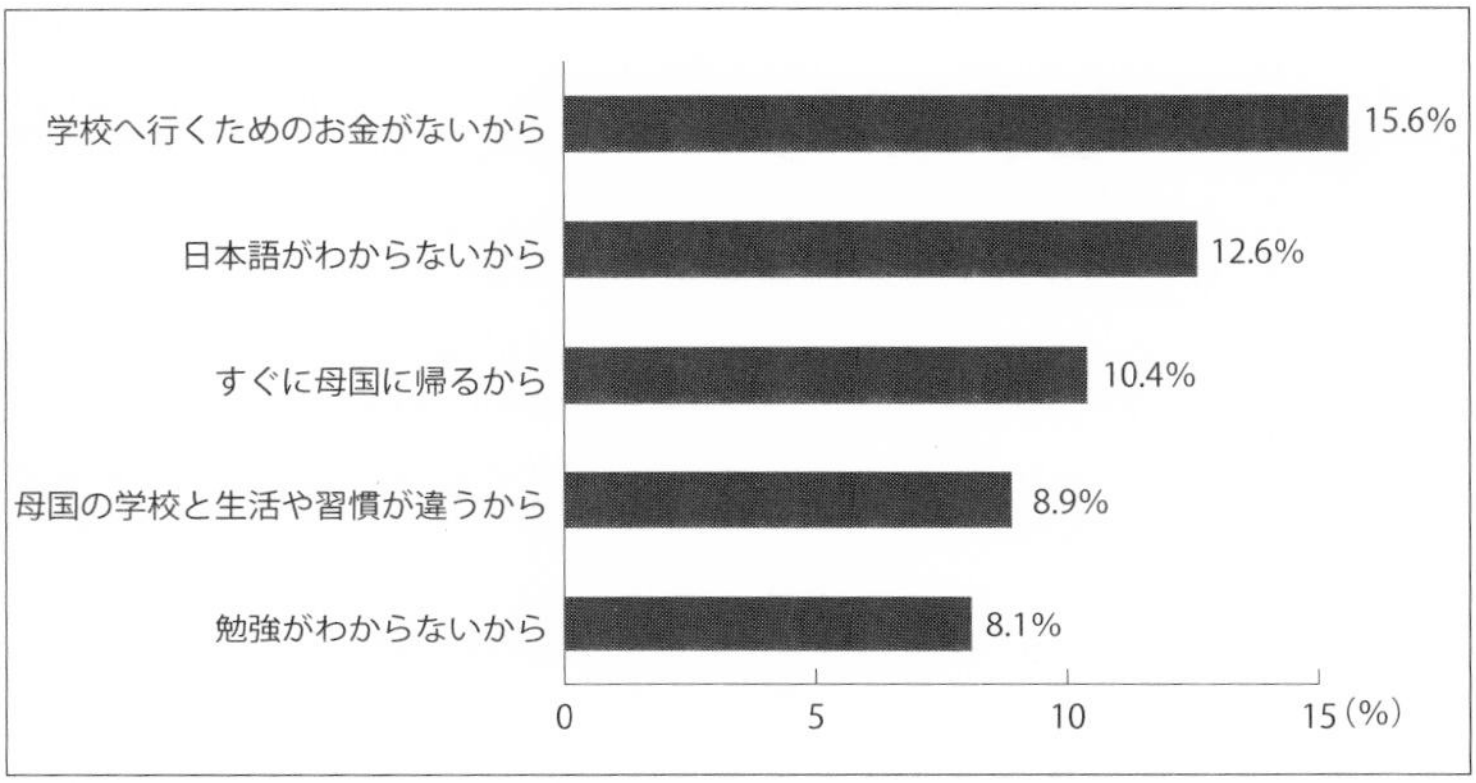

グラフ３　外国人の子どもの不就学の理由
文部科学省「外国人の子どもの不就学の実態調査」をもとに作成。

からないから」（8・1%）などがある。経済・文化・社会的な状況が、外国人の子どもの不就学の理由となりうるということだ。

不就学だけでなく、たとえ義務教育を受けていたとしても、それを終えたあとの進路も外国人児童[2]にとっては深刻な問題となってくる。現在、日本人児童の高校在籍率が97%を超えている一方で（文部科学省 2018）、外国人児童の場合は40%台にとどまると推計されている（宮島 2017c: 132）。国籍によっても差が大きく、古いものになるが2000年の国勢調査をもとにした推計では、中国人の高校在籍率が7〜8割と見られた一方で、フィリピン人は4割、ブラジル人は3割程度にとどまった（宮島 2017c: 132; 鍛冶 2011）。

高校進学を断念する理由としては、外国から来日したので「高校受験の条件を満たさない」「日本語等の困難があり進学が困難と感じる」「進学しようにも高校入試制度がよく分からない」または「入学後に中退する」「帰国を予定しているので高校には行かない」などが言われる（宮島 2017c: 132）。

高校に進学せず、「早期就労」に至った在日ブラジル人の若者へのインタビュー調査を実施した教育社会学者の児島明は、彼らが早期就労を選択する過程では「家庭においても学校においても早期就労を引き止める力が働かないことが大きく影響していた」と指摘している（児島 2008: 71）。そして、早期就労を選択したことについて「主体的な選択という側面のみを強調することは、かれらを取り囲む環境要因を無視した議論と言わざるをえない」として、後者に目を向ける重要性を訴えている（児島 2008: 71）。

このように外国人児童たちは、高校進学を前にして壁にぶち当たることが多い[3]。また、たとえ高校に進学したとしても、その後に中退を選ぶことも多い。２０１７年度には、公立高校などに通っていて日本語指導が必要な高校生３９３３人のうち、９・６％にあたる３７８人が中退した（文部科学省 2019a）。高校生全体の中退率（１・３％）と比べると7倍にものぼる大きな割合となった。外国人児童は高校進学後であっても、相変わらず厳しい局面に立たされ続けうることがうかがえる。

他方、昨今では、家族とともに日本で暮らす外国人は7割以上が日本に定住していく可能性が高いと見られている（宮島 2017c: 132）。もしそうならば、「その子どもたちが高校に行かず中卒以下で終われば、底辺の仕事に就くほかなく、厳しい未来が待っているのは明らか」なのが現実だ（宮島 2017c: 132）。

だからこそ、高校進学の断念を通して外国人児童の現在や将来に困難が生じうる状況をかえりみれば、「『定住が常態であり、移動が逸脱であると暗黙のうちに想定してきた』近代教育システムのありようを根底から問い直す作業」(児島 2009: 71; 伊豫谷 2007) が必要に違いない。「日本で暮らしてきた日本人」を前提としてつくりあげてきた学校教育の制度のしわ寄せを、増えゆく外国人児童たちに負わせない仕組みにつくり変えていく必要があるということだ。

不就学や進学といった、学校に行けるか行けないかの問題ばかりではない。異国での暮らしを経験している外国人児童は、日本の学校に通う中で、「日本的学校文化」(宮島・加藤 2007: 1) との向き合い方に苦労することもある。社会学者の宮島喬と政治経済学者の加藤恵美は、以下のように述べている。

たとえば定時の登校・下校、朝礼、給食、掃除当番、制服着用、〝中学生らしい〟ふるまいなどは、それぞれに文化……をなしているわけだが、異なる文化背景出身の子どもにもこれを受け入れさせなければならない。彼らが少数者であるため、学校側が従来の学校文化を見直すことは稀で、独特の状態が生まれている (宮島・加藤 2007: 1-2)。

「独特の状態」とは、日本人児童と外国人児童に異なるルールを認める、「二重規範状態」(ダブル・スタンダード) のことを言う。しかし、特別扱いされる外国人の児童たちは、「学校のなかでしばしば友達関係から疎外されて『居場所』を失っていくなど、それ相応のサンクションをまぬがれない」（宮島・加藤 2007: 2）。このように、日本人児童にとっては当たり前の「日本的学校文化」は、外国人児童にとっては困難そのものとなりうるのだ。

教員の立場から考えてみよう。「現実に学校のマジョリティは日本人の子どもであり、教員は、外国人生徒への対応の必要を感じつつも、それを優先できないというディレンマのなかにある」場合が多い（宮島・加藤 2007: 2）。それだけでなく、外国人児童を「特別扱いしない」という、ある種の「平等主義」的な考えに立つことで、教員は「子どもが日本語会話に不自由しないとみると、日本人と同等に扱えばよいと」することも多い（宮島 2017a: 6）。仮に、ある教員がそういった立場を取らなかったとしても、「日本の学校においてニューカマーの子どもの異質の文化は、子どもがある程度流暢な日本語を話すようになると見えにくくなる傾向がある」ために、外国人児童の抱える課題を教員が認知し対処すること自体、１つの困難や葛藤として経験されうる（金井 2001: 181）。こうして外国人児童の抱える日本語習得以外の課題が埋もれてしまい、教育現場において対応されなくなれば、「文化資本における彼らの不利を看過する」ことにつながり、これが中途離学の要因にすらなっていく（宮島 2017a: 6）。

ここまでに見てきたように、外国人児童の学校生活には、困難や課題が多く用意されている。そんな中で、外国人児童自身が学校生活を苦に思って、追い詰められてしまうこともある。２０１０年には、群馬県の小学校に通っていた小学6年生のフィリピン人児童が自殺した（読売新聞 2010）。自殺した児童の両親が市と県に損害賠償を求めた裁判で、前橋地裁は、学校で児童に対するいじめがあったことと学校がそれを防げなかったことを認め、学校側に慰謝料などの支払いを命じた（読売新聞 2014a）。

だが、これを「いじめ」の一言で片づけてしまっていいのだろうか。外国人児童に対するいじめが引き起こされた原因はどこにあったのかを考えるとき、子どもたちの不和という以上の要因に目を向けようとしないままでは、問題の全体像を把握することはできない。なぜなら、日本の学校に通う外国人児童は、ここまでに述べてきたようなあらゆる困難を経験しうるからだ。「子どもたち同士のいじめが原因だった」としか言わないことは、その背景をなす、外国人児童が直面してきた困難を、いとも薄っぺらく捉えてしまうことにもつながる。

この後の2014年にも、群馬県の小学校に通っていた小学6年生のフィリピン人児童が転落死した（読売新聞 2014b）。市の教育委員会によると、児童は死亡の前年にフィリピンから来日し、校内の日本語教室に在籍していた。日本語では、単語でコミュニケーションをとれる程度だったという。死後、児童の遺書は見当たらなかったほか、長期の欠席や不登校もなかったこと、また学校関係者へのアンケート調査の結果を踏まえ、教育委員会は、いじめなどは確認できないと結論した（読売新聞 2015）。

この場合には、いじめが死亡の原因となったと言われてはいない。だが、異国の学校に通い始め、その国の言葉ではほんのわずかなコミュニケーションをとることしかできない境遇の子どもがなんらかの困難を経験し、差し迫った思いを経験していただろうと推測することはできる。なにせ、日本には、外国人児童が日本人児童と異なるたくさんの困難を経験するような状況が準備されているのだ。そのことに言及せず、「いじめは確認できない」と言うことで、問題は片付いたことになるのだろうか。いじめの有無のみが論点となるならば、それがいかに視野の狭い議論かは、ここまでの説明がすでに物語っていることだ。

ここまでに挙げてきたような、日本の学校にまつわる外国人児童をめぐる問題の数々は、外国人児童が「日本の教育制度の中では正当に位置づけられていない」こと、さらに、「日本の公教育システムは日本人の教育を主目的としているため、それ〔外国人児童の困難〕に対応できる能力をあまりもっていない」ことにより引き起こされ、また置き去りにされがちになっている（駒井 2015: 198）。このように、日本において「移民管理政策ばかりが独り歩きし、包括的な移民統合政策はほとんど存在していない」（駒井 2015: 188）といった状況は、すでに当事者である外国人児童たちに、大きな困難を強いている。

（2）特別支援教育に取り込まれる外国人児童

外国人児童たちが直面する困難は、「包括的な移民統合政策」不在の日本で、日本人への教育を前提とする学校教育のシステムを通して、構造的に準備されてきたと言える。そんな状況の中、外国人

表１　日本語指導が必要な児童生徒数（学校別、2018 年度）

文部科学省（2019a）をもとに作成。

	小学校	中学校	高等学校	特別支援学校	合計
人数	26,092人	10,213人	3,677人	277人	40,485人
2012年からの増加数・率	8,938人（1.5倍）	2,655人（1.4倍）	1,540人（1.7倍）	137人（2.0倍）	13,472人（1.5倍）

児童が「発達障害」と診断され、特別支援学校に進学することになる場合もある。

２０１２年度から２０１８年度までの６年間での「日本語指導が必要な児童生徒数」の変化を見ると、表１に見るように、全体の増加率を超えて特別支援学校で増加が著しい。「日本語指導が必要な児童生徒」が特別支援学校に通うことになるケースがますます増えているのだ。

しかし一方で、表２に見る通り、日本の外国人児童のうち特別支援学校に通う児童の割合は、日本の全児童のうちで特別支援学校に通う児童の割合と、ほぼ同じになっている。障害があると見なされるかどうかに、外国人であるかどうかは関係していないようにも思える。

だがさらにその一方で、２０１８年６月に朝日新聞は、「ブラジル人ら外国人が多く住む地域の小学校で、外国人の子どもが日本人の２倍以上の比率で障害児らを教える特別支援学級に在籍している」ことを記事にしている（朝日新聞 2018a 引用部分の傍点は引用者によるもの。以下も同様）。記事によれば、「日本語が十分にできないために障害があると判断され、特別支援学級に入れられている例もある」（朝日新聞 2018a）。以下はその詳細だ。

表2　特別支援学校に通う児童生徒の割合（2018年度）
文部科学省の学校基本調査をもとに作成。

	全ての児童生徒で見た場合	外国人の児童生徒で見た場合
小学校	0.7% （6,427,867人のうち42,928人）	0.7% （59,747人のうち421人）
中学校	0.9% （3,251,670人のうち30,126人）	0.7% （23,963人のうち177人）
高校	2.1% （3,235,661人のうち68,885人）	2.0% （15,217人のうち310人）

調査したのはNPO法人「国際社会貢献センター」（ABIC）。2015年に三重、愛知、群馬、静岡の4県で外国人児童が多い113小学校を調べたところ、日本人の児童は4万9159人中730人（1・48%）が特別支援学級に在籍し、外国人は1886人中116人（6・15%）だった。16年は岐阜県を加えた5県の117校を調べ、特別支援学級在籍率は日本人2・17%、外国人5・94%。17年は滋賀県を加えた6県の355校を調べ、日本人2・26%、外国人5・01%だった。……

外国人児童が多く通う学校の校長らによると、「日本語ができないことは特別支援の対象」としている例や、日本語が理解できないため、障害があるかどうかの見分けが難しいケースがある。ただ、文科省特別支援教育課はこうした実態を「調査しておらず、理由は分からない」としている。ABICは「特別支援学級に在籍している外国籍の子どもの現状や、指導状況の実態調査が必要だ」として、子どもたちの出身国の関係者の協力も求めるべきだと指摘している（朝日新聞 2018a）。

表3　特別支援学級に在籍する子どもの割合

毎日新聞（2019a）をもとに作成。
（～倍）は、「全児童で見た場合」の何倍にあたるかを示している。

	特別支援学級の在籍率		（参考）外国人児童生徒数
	外国籍の子どものみで見た場合	全児童生徒で見た場合	
岡山県総社市	19.4%（4.0倍）	4.9%	31人
三重県伊賀市	18.3%（2.2倍）	8.5%	295人
愛知県新城市	17.8%（4.0倍）	4.4%	45人
静岡県袋井市	10.7%（3.3倍）	3.2%	216人
滋賀県甲賀市	10.3%（2.0倍）	5.2%	185人
静岡県菊川市	7.9%（3.8倍）	2.1%	203人
三重県亀山市	7.5%（2.4倍）	3.1%	80人
三重県津市	7.4%（1.9倍）	4.0%	283人
長野県飯田市	7.4%（1.5倍）	5.0%	149人
岐阜県美濃加茂市	7.3%（2.5倍）	2.9%	427人
静岡県掛川市	7.1%（3.4倍）	2.1%	211人
三重県四日市市	6.8%（2.7倍）	2.5%	593人
長野県上田市	6.4%（1.4倍）	4.6%	219人
静岡県磐田市	6.1%（2.3倍）	2.7%	391人
静岡県湖西市	5.6%（2.7倍）	2.1%	160人
愛知県蒲郡市	5.3%（1.6倍）	3.3%	209人
静岡県浜松市	5.1%（2.6倍）	2.0%	1,493人
群馬県大泉町	5.0%（2.8倍）	1.8%	461人
愛知県豊田市	4.9%（2.9倍）	1.7%	897人
滋賀県長浜市	3.9%（1.8倍）	2.2%	229人
愛知県小牧市	3.9%（2.4倍）	1.6%	645人
静岡県富士市	3.5%（2.2倍）	1.6%	226人
群馬県太田市	3.2%（1.9倍）	1.7%	664人
愛知県豊橋市	2.7%（1.0倍）	2.6%	1,897人
三重県鈴鹿市	2.7%（1.6倍）	1.7%	667人
計	5.4%（2.2倍）	2.5%	10,876人

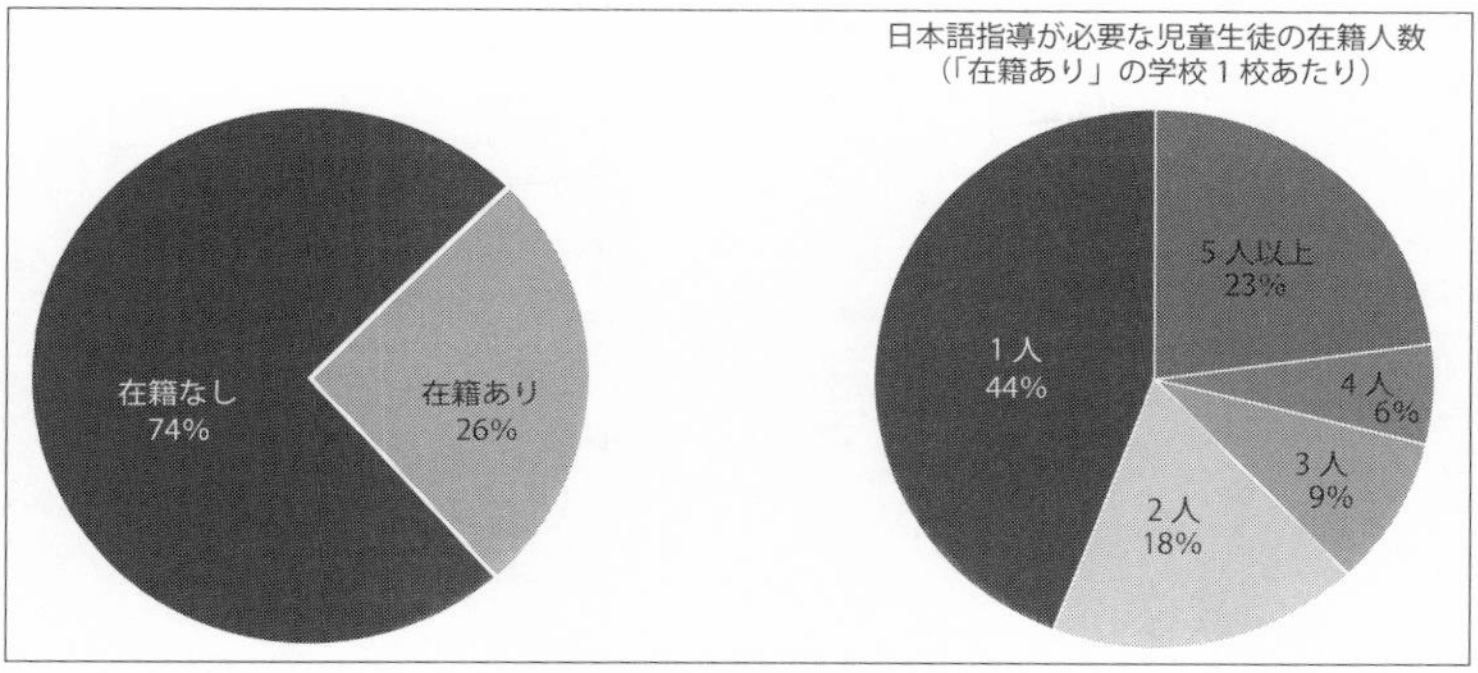

グラフ４　日本語指導が必要な児童生徒が在籍する公立小・中学校の割合
文部科学省（2017）をもとに作成。統計は2016年度のもの。

この調査の後、２０１９年9月に毎日新聞も「外国人が多く住む25市町」を対象に調査をおこない、前出の調査と同様に「外国籍の子どもの〔特別支援学級の〕在籍率は2倍超に達していた」との結果を出した（毎日新聞 2019a）。その調査結果の詳細は表3で見てとれる。

これらの調査では、調査対象となる自治体が戦略的に限定されていた。そのことこそが、実は重要なポイントだ。文部科学省（2017）がグラフ4とともに示している通り、「日本語指導が必要な児童生徒は集住化・散在化の傾向がみられ」ている。日本語に困難を抱える外国人児童は、一部の学校や地域に分かれて多く在籍しているということだ。そういった学校や地域のみを対象にしてこそ浮かびあがる〈事実〉[4]が、上の数字だったと言える。

このように、外国人児童をめぐる固有の文脈や背景を踏まえていなければ、彼らの〈実態〉を把握することすら難しい。それだけ、彼らは「『見えない』存在」（児島 2008: 56; 小島 2017: 137）、ないしは「『見えなくされている』存在」（児島 2008: 56）

なのだ。

では、このようにして浮かび上がった「見えない」存在たちをめぐる〈事実〉の背景には、何があるのだろうか。当の外国人児童たちが特別支援教育の対象となる過程とはいかなるもので、その過程にかかわっていた人々は、何を思っていたのだろうか。彼らは何を根拠に、どんな論理を展開したのだろうか。「日本語が十分にできないために障害があると判断され、特別支援学級に入れられている例もある」（朝日新聞 2018a）と言うが、果たして問題は、外国人児童たち一人ひとりが「日本語ができない」ことに回収しきれるのだろうか。これらの疑問に対する答えは、まだ誰によっても説明されていない。

第2節 「外国人であること」と「障害児とされること」

では、「『発達障害』と認められた外国人児童」という存在に目を向けていくことには、どんな意味があるのだろうか。外国人児童が「発達障害だ」と認められる過程をひもといていくことは、「外国人であること」と「障害児とされること」をめぐる論理のせめぎ合いを見ることでもある。そこからは、どちらか一方の論理のみに目を向けるばかりでは見えてこなかったものが浮かび上がってくるかもしれない。ここに、何か重要なヒントが隠されているかもしれないのだ。

それでは、「外国人であること」と「障害児とされること」のそれぞれについて、これまでに言われてきたことは何だったか。

まずは「外国人であること」について。これまで、日本に生きる外国人児童をめぐっては、特に教育をめぐる問題を中心に研究されてきた。そういった一連の研究は、学校現場での子どもたちの苦闘に焦点を当てることで、自民族中心主義的な日本の学校文化を指摘し、ときに批判してきた（志水・高田・堀家・山本 2014: 149）。

たとえば、「実際におこなわれている『日本語指導』や『適応指導』は、結局のところ、ニューカマーの子どもたちを受け入れることによって日本の学校が『変質』してしまうのを防ぐことを目的とした、『日本人のための』営みにすぎない」との指摘が挙がっている（児島 2001; 太田 2000）。また、よりミクロな視点から、教員が外国人児童をどのように捉え、対処するかを検討することで、日本の教員文化がはらむ課題を明らかにしてきた研究もある（金井 2001; 児島 2001, 2008; 額賀 2003）。

このように、日本の教育現場と外国人児童に焦点を当てた研究は、従来の日本の教育現場が意識的、ないし無意識的に立ててきた前提を浮かび上がらせてきたし、それを通して、日本社会の姿についての示唆を与えてきた。しかし、こういった一連の研究を概観しても、「当の外国人児童が障害を持つとされている場合」のように、課題を越境している事例についての検討は、いまだ十分になされてはいない。ゆえに、そういった事例を検討することを通して、「外国人であること」にまつわる課題が、他の課題とのいかなる力関係の中で捉えられていくかについての検討も、十分になされてきてはいないのだ。外国人であり、かつ障害児とされる児童をめぐる状況に目を向けることによって、彼らが圧倒的なマイノリティとなる日本の教育現場においては何が前提とされており、何が見過ごされているか、見落とされているかを、知ることができるかもしれないにもかかわらず。

他方、障害児・者とされることをめぐっては、社会学や教育社会学、ならびに医療人類学の研究に蓄積がある。特に、「障害学」と呼ばれる研究の数々がもたらした知見は示唆に富む。障害学は、「手足が動かない」といった身体・個人の問題としての「インペアメント」ではなく、「手足が動かないと困るような社会であること」というような社会の問題としての「ディスアビリティ」を重視するという視点の転換、いわば「障害の社会モデル」を提示し、「障害（者）は社会的につくりだされる」と強調しつづけてきた（石川・長瀬編 1999）。この障害学の立場を中心として、ある人の抱える障害を「所与で、当然のもの」として捉えるのではなく、「障害児・者とされるかどうかは社会的に決定される」という視点を持った研究が、これまでにも蓄積されてきた。

しかし一方で、障害児・者とされる過程に外国人児童が巻き込まれる場合に何が起こるかについては、詳細には検討されていないのが現状だ。たしかに、「発達障害」を抱えるとされる外国人児童に着目し、彼らの「問題行動」を把握する方法や、彼らを支援する方法を熱心に検討している研究は、すでに発表されている（都築・森川・金子・中山・川上 2010; 黒葛原・都築 2011; 境・都築 2012; 早川・都築 2012）。こういった研究は、実際の支援の現場で重宝されうるような貴重な知見なのかもしれないが、一方で、当の外国人児童の持つ障害を「所与のもの」と捉えているがために、「障害者とされる」過程がどんなものだったかについての検討には至っていない。すなわち、「外国人である」からこそ、その「障害者とされる」過程で特有の経験をしていた可能性については、いまだ誰によっても十分に検討されてはいないのだ。

よって、次の問いには、まだ答えが準備されていない。すなわち、外国人児童が「障害者とされる」過程で、「外国人である」ことにもとづく論理は、いかに展開され、どれほどの力を持ったか、あるいは持てなかったか。また、それらの論理は、誰が、どうして持ち出すものだったか。その動機は、個人的なものとして回収できるのか。それを個人的なものとして捉えないならば、その動機をつくり出す社会的な状況とは、いかなるものなのか。これらの問いを検討することを通して、これまで「見えなくされてきた」社会の姿に気づくことができるかもしれない。

ここまでに見てきたように、日本において、外国人児童と障害児・者の両方をまたがる事例を対象とした研究は、そのいずれを対象とする研究の流れにおいても十分には検討されてこなかった。これから、その穴あきの部分を埋めていきたい。そして、この両立する事例を社会的な相互作用の文脈に置き直してみることを通して、現代の日本社会の姿についての検討にもつなげていきたい。

そのために、より具体的には、次の3点について検討する。

第一に、外国人児童は、いかなる過程を経て、「発達障害だ」と認められることになったか。

第二に、外国人児童は、いかなる過程を経て、特別支援学校への進学という1つの選択をするに至ったか。

第三に、外国人児童と彼らを取り巻く人々は、その一連の出来事をどのように経験し、意味づけているか。

これらの問いを通して、「教育現場における『教育の論理』（何が子どものためか）と、他の制度の論理や物理的要因が重なり合ったりすれ違ったりする」（元森 2015: 130）様相をひもときつつ、「外国人であること」と「障害児とされること」のそれぞれの論理がいかに展開され、たたかい、折衝していったかを検討していく。そのような読み解きによって、この「包括的な移民統合政策」なき日本で、外国人児童と彼らを支援しようとする人々が立たされる状況と直面する困難が、いかにして成り立っているかを考えていきたい。

第3節　なぜ「フィリピンから来た子ども」なのか

ここまで、障害があると見なされた外国人児童に注目する理由を説明してきた。しかし、外国人児童の中でもなぜ、フィリピンからやってきた児童に目を向けるのか、その理由はまだ説明できていない。ここからは、なぜフィリピンなのか、フィリピンに注目すると何がわかるのかを考えていくことにしよう。

（1）「外国人児童」とは誰のことか

フィリピンについて考え始める前に、「外国人児童」という存在について考えてみたい。すでに第1節で、「外国人児童」という語彙を用いることによって「見えなくされる」存在があることを押さえてきた。これは、「外国人児童」という語彙を批判的に捉える試みでもあった。しかしながら、あえてこの後も「外国人児童」という語彙を「外国につながりを持つ子ども[5]」を捉えるために使うという逆説的な方法をとっていきたい。

「外国人児童」という語彙を用いる理由は、2つある。第一に、彼らが「外国につながりを持つ」がゆえに、日本で生まれ、日本で育ってきた「日本人」とは異なる困難を経験しているからだ。だからこそ私たちは、「日本人」の経験と「外国人児童」たちの経験の境界に意識的になる必要がある。

実際に、今回見ていこうとするのは、2010年代にフィリピンから日本に移動してきた1組のきょうだいに起こった出来事だ。実は、彼らは日本国籍を持つ。ゆえに、彼らは日本にいる約3・4万人のフィリピン国籍の子ども（2018年時点での20歳未満の在留フィリピン人の人数）には含まれず、統計上は「日本人」としてカウントされる存在だ。

だが、彼らが「日本人」と同じ境遇に立つとは到底言えない。たとえば2018年時点で日本語指導が必要とみられている「日本国籍児童生徒の比較的使用頻度の高い言語」のうち、もっとも話者が多いものは「フィリピノ語」[6]（タガログ語）で、その数は3042人にのぼる[7]（文部科学省 2019a)。3042人もの「日本人」が、フィリピンで言語を習得してから来日しているとみられるのだ。しかし、フィリピンから日本に移動してきた彼らは、日本で生まれ日本で育った「日本人」とは異なり、日本語の習得や文化の違いにかんして困難を経験しうる。「日本人」として捉えられながらも、フィリピンから移動してきてさまざまな困難を抱えているかもしれないこの3042人の児童たちの直面する状況を日本人の状況として捉えていこうとするのは、無茶な話だろう。だからこそ、国籍による分類を当てにするのではなく、実際に経験する困難が国際移動にもとづくものでありうるかどうかを1つの基準にしたい。

第二に、「外国人児童」という語彙を用いることで、そのカテゴリーに振り分けられる子どもたちの困難の文脈やその多様性が捨象され、彼らの〈実態〉が隠されてしまうことに、意識的になる必要があるからだ。その隠蔽が「意図せざる結果」として引き起こされたことだったとしても、そのことに自覚的になる必要性は薄れない。よって、以下では、「外国人児童」という語彙によって見えづらくされてきた3つの側面を挙げつつ、この本で主人公となる子どもたちがいかに独自の状況を生きる「外国人児童」であるかについて説明していきたい。

まず、「外国人児童」たちの在留資格が異なることに注意を払う必要がある。子どもたちにどのような在留資格が付与されるかは、親の在留資格によって決まる。そして、たとえば外国人児童が「家族滞在」の資格を有する場合、大学に進学すれば「留学」の在留資格に変更できるものの、収入を得る活動には制約があり、在留資格を変更せずに日本で就職することはできないことになっている（榎井 2017: 22）。このように、外国人児童が日本での進学や就労を検討する際に大きな影響を及ぼすことから、どんな在留資格を持つかといった点も考慮していかなければ、外国人児童がいかなる状況の中で困難を経験するかという〈実態〉は把握できない。しかし、「外国人児童」という平板な語彙は、その状況や困難の多様性を捨象しうる。

先にも述べたように、主人公のきょうだいは日本国籍を持つ。よって、彼らは将来的に日本で就労することに、資格の上では何の問題も持たない。では、彼らは何の困難も経験しないというのだろうか。資格の上では日本で就労できることになっているからこそ、彼らの直面する困難は、日本で就労するという前提に絡むものとなっている可能性もある。日本国籍を持つからといって問題がないのではなく、だからこそ別の困難が生じうることには注意を払う必要がある。

次に、当の外国人児童たちがどの国とつながりを持っているかという点も、彼らの経験に重要な影響を与えている。フィリピンから日本に移動してきた児童たちを取り巻く文脈も、特有のものだ。

日本では、1970年代末から、風俗関連産業に従事する女性の外国人労働者が入国するようになり、初期には、その大多数をフィリピン人女性が占めていた（駒井 2016: 46）。当時、フィリピン人女性が日本に入国する際には、「エンターテイナー」のための「興行」の在留資格が多用されていた（駒井 2016: 46）。この興行ビザ所有者のうち、9割以上が風俗関連事業に従事していたとの推計もある（駒井 2016: 46）。1990年代以降は興行ビザによるアジア諸国からの新規入国者が急増していき、1992年には5万人以上ものフィリピン人が日本に入国した（駒井 2016: 262）。

このような状況の中、エンターテイナーたるフィリピン人女性と、日本人男性の間に親密な関係が育まれ、子どもが生まれることもあった。こうして出生した子どもたちを、〝ＪＦＣ（Japanese-Filipino Children）〟と呼ぶこともある。このＪＦＣという呼称では、「暗黙の限定条件」として次の4つが想定されている場合が多い（原 2015: 70）。

第一に、母親がフィリピン人、父親が日本人であること。

第二に、母親がエンターテイナーとして来日していた経験をもつこと。

第三に、父親から遺棄されており、多くは婚外子であること。

第四に、父親からの養育放棄を理由に経済的に困窮していること。

こういった条件を満たす子どもたちは、「二つの国の間にきわめて不安定な形で生を受けたゆえに、様々な権利が奪われている状態におかれ」ている場合が多い（小ヶ谷 2013: 191）。ゆえに、ＪＦＣの窮状に目を向けるとき、「『父親が日本人、母親がフィリピン人』であり、かつさまざまな事情で父親と連絡が取れず、主としてフィリピンで暮らす子どもたちが主な議論の対象とされてきた」（小ヶ谷 2013: 192）。そんな中で、権利の問題のみならず、二国の間で揺れるＪＦＣたちのアイデンティティをめぐる研究もなされてきた（小ヶ谷 2013; 原 2015）。そういった研究が始まる前、日本とフィリピンの間の移動をめぐる研究の主流は、「移動する女性」にかんするものであり、その子どもたちは、「付随的な存在」として捉えられていた（原 2015: 71）。そんな状況を踏まえれば、ＪＦＣという語彙、ないし一連のＪＦＣ研究は、フィリピンと日本の間に立つ子どもという存在に焦点を当て始めることに重要な役割を果たしてきた。

しかし、主人公のきょうだいは、上に挙げた「暗黙の限定条件」のうちの第三、四の条件に該当していないように、フィリピンと日本の両国につながりを持つ子どもたちについて、ＪＦＣという呼び名を採用すること、またその語彙の「暗黙の限定条件」にもとづいてＪＦＣ研究を展開していくことによってまた、こぼれ落ち、見えづらくされる存在があるかもしれないことにも、注意は必要だ。

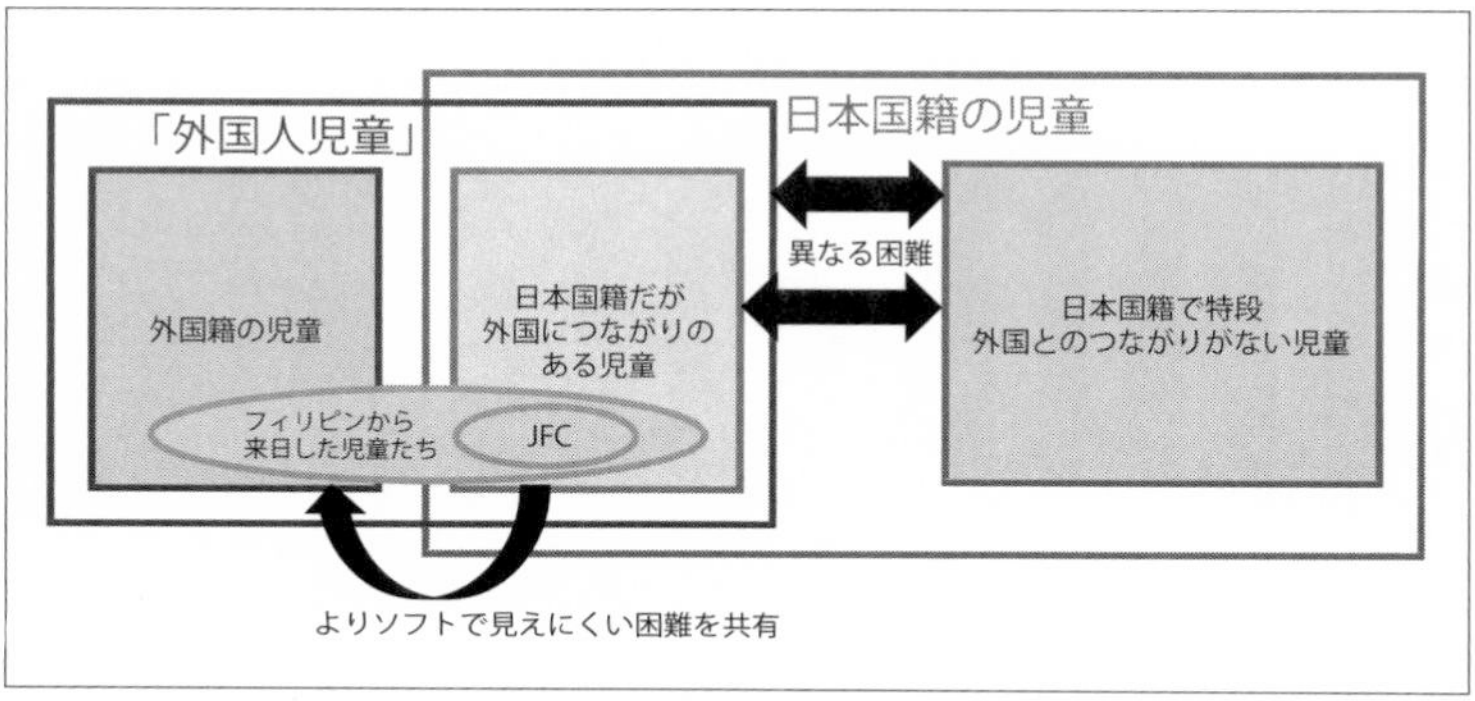

図1 「外国人児童」は誰のことか

そこで、今回はさしあたり、出来事の主人公となるきょうだいが、JFCと呼ばれる子どもたちときわめて近い背景や経験を持つことを認めながらも、あえて、限定的で独自の視座を持つJFCという呼び方を採用しない。代わりに、あくまでも「外国人児童」の語彙を用いることで、議論を進めていくことにしたい。こうすることには、この後も説明するように、特有の状況・条件の中で生きるフィリピンから来日した子どもたちに着目することにより、日本での「外国人児童」をめぐる状況や困難をより鮮明にしていけるという利点もある。すなわち、フィリピンから来日した子どもという存在を通して明らかになることは、決してJFCという、より限られた対象にのみ言えることではないと考えたいのだ。

最後に、世代概念にも注意を払いたい。「第1世代移住者」は「国外での出生・社会化を経て、大人となった段階で移住してきた人々」、「第2世代移住者」は「少なくとも一方の国外出身の親を持つが、親たちの移住先で生まれ、社会化された人々」を指す中で、このカテゴリーに当てはまらない、「国外で生まれたが、子ども期に親の移住先国に移住してきた人々」を「第1・5世代移住者」と呼ぶことがある（長坂 2011: 51-52)。「外国人児童」と言うとき、そこには子どもである第1・5世代移住者と第2世代移住者が含まれうる。しかしながら、「出生地である程度社会化された後に移住してきた人々と、幼少期ないしは子ども期に移住してきた人々とでは、言語習得のペースや教育や社会経済的地位の達成の程度、生活様式の移住先社会への同化の在り方などに違いが見られるという認識」（長坂 2011: 53）を踏まえれば、両者の経験や困難は質的に異なる。にもかかわらず、一括りに「外国人児童」とすることでまた、一見して見えづらくなる部分が生じることは否めない。

(2) フィリピンから来た子どもたちから見えること

このように「外国人児童」という語彙を用いることによって外国につながりを持つ子どもたちの状況や困難が「見えなくさせられている」状況を反省的に捉えつつ、多様な状況と困難を経験しうる外国人児童のうちでも「フィリピンから日本に移動してきた第1・5世代で、日本国籍を持つ子ども」を対象とし、彼らの置かれている状況を明らかにしていくことで、「見えなくされてきた」外国人児童の困難の一端を捉えていくことが、この本での試みになる。ただし、それと表裏のことで、それは外国人児童の経験や困難の全ての説明には到底ならないこと、この試みの一方で見落とされている外国人児童の状況がありうることも、忘れてはならないだろう。

これを踏まえ、以上の条件を持つようなフィリピンから来日した子どもに目を向けることの意義を、大きく2つ挙げたい。

第一に、より根本的な問題として、彼らは日本国籍を持つがゆえに、外国人児童としての困難を抱える存在だということを見えなくされうる存在であることから、彼らの直面する困難やそれへの対応を明らかにする仕事自体に、価値がある。一見、「日本人」扱いされる彼らが、その一方で抱えている困難や課題がどんなものかを検討することは、見えなくされているものを見えないままにしておくことから脱却するために、間違いなく必要だ。それらを見えなくさせている構造をすぐに変えることはできないとしても、そんな構造がどんなものなのかを「見える」ようにする必要はある。

第二に、これも日本国籍を持つがゆえのことだが、彼らは在留資格に由来する課題を抱えてはいないため、在留資格にまつわる困難を乗り越えたところにもなお困難を用意しつづける、よりソフトで巧妙な日本社会の論理があるかもしれないことを想定して検討を進めることができる。彼らが制度的に何かを奪われているわけではないのだとしたら、それでも彼らに困難が残されることがありうるのは、なぜなのか。その点をつきつめていくことが、1つの大きな課題だ。

この2点が、外国人児童の直面する困難の一端を知るために、外国人児童の中でも、フィリピンから来日した子どもたちという存在に着目する理由になる。これを踏まえることによって、外国人児童を取り巻く困難とは何か、そしてその背景に何があるのかについて、検討していくことができるだろう。

第4節　2人の外国人児童と、10人の大人たちの経験をめぐって

ここまでに押さえてきた問題意識をもとに私は、2010年代にフィリピンから日本へ移住してきた子どもで、中学校で「発達障害」と認められ、高校進学時に特別支援学校への進学を選択した、ある1組のきょうだい2人の経験をつきつめることを決めた。そして、彼らを取り巻く保護者や教員たち、合計10人の大人にインタビューをおこない、当時、何があったかを尋ねることにした。

たった1つの家庭に暮らす2人の外国人児童の経験を明らかにするために、10人もの大人たちから話を聴いたという、そのこと自体が、実は大きなポイントだ。のちに見ていくように、それぞれの大人によって語られた1つの出来事は、必ずしも画一的な語られ方をしてはいない。同じ〈事実〉でも、見る個人によって異なった見え方をしているということだ。この多様性や複数性を捉えることを通して、〈事実〉を多面的に、立体的に捉えることができる。そして、そうすることでこそ、ある人個人という以上に、この出来事の全体で、一体何が前提とされており、また何が見過ごされていたかに、気づけるかもしれないのだ。

注

（1）この数には、「日本語指導が必要な外国人児童生徒」（約4万人）と「日本語指導が必要な日本国籍児童生徒」（約1万人）の両方が含まれている。

（2）本書では、「外国とのつながりのために困難を経験している子ども」のうち、特に日本の学校で困難を経験する子どもに焦点を当てるために「外国人児童」という言葉を用いる。対象は小学生（児童）に限らず中学生や高校生（生徒）も含んでいるため、本来なら「外国人の児童生徒等」と言うべきところだが、本書では便宜上、「外国人児童」と短く言うことにしている。

（3）外国人児童の不就学や高校進学の断念が大きな課題になる中、いまようやく、対応への動きが見え始めている。文部科学省は2020年1月、外国籍の子どもを対象とした「小中高校への就学を包括的に支援する方針」を固めた（読売新聞 2020）。2020年度から、義務教育年齢の子どもの名前を記載した「学齢簿」を作成したり、家庭への個別訪問を実施したりするように各教育委員会に通知する。高校についても、外国人のための「特別枠」を確保する指針を設けることを目指すという。また、2019年6月に成立した「日本語教育推進法」の基本方針に「外国人の就学」を盛り込むことも検討する。いよいよ、外国人児童にも日本の公立学校への入り口を確保しようという動きが始まろうとしているのだ。

ただし、入り口の確保だけで満足することは到底できないことには留意したい。56ページから57ページの議論もあわせて参照してほしい。

（4）本書では、「事実」や「実態」「現実」とされるものが、客観的とされる場合には、ある一定の側面を捉えていない可能性があったり、あるいは、それらを主観として捉える場合には見る人により異なる見え方がされている可能性を踏まえ、ただ1つの事実、実態、現実を断定し信じるような見方を避ける意図をもって、〈 〉

つきでこれに言及していく。ただし、一方で、〈 〉なしで「事実」「実態」などに言及する場合には、それがただ1つの一定の「事実」を示していることを意味する。

（5）本書では、子ども本人あるいはその家族のライフコースに外国との接点があり、そのことが本人や家族に重要な経験、ときには困難を与えうるような状況の中で生きている子どもを指すために、「外国につながりを持つ子ども」という語彙を用いる。だが、そういった子どもを客観的に一元的に定義しつくすことはできない。なぜなら、彼らの背景はあまりにも多様であり、なんらかの限定的な定義によっては、ほとんど必ずこぼれ落ちる子どもが出てくるだろうと思われるからだ。そうしてこぼれ落ちた子どもは、改めて「見えなくされ」うる。このことに予め気づきを促す意味でも、なんらかの客観的な要件による限定は避ける方針をとる。
　また、主観による定義も採用しない。なぜなら、仮に当人たちが「外国とのつながりのために困難を経験している」と思っていなくとも、彼らの経験する不利益がそこからきていることも大いにありうるからだ。

　これらを踏まえ、本書では、「外国につながりを持つ子ども」という語彙を、より広く柔軟な概念として用いることとし、これに対応する語彙として「外国人児童」を使う。

（6）国語としてのフィリピノ語と、たくさんの言語の中の1つとしてのタガログ語とでは、指すものは同じではあるが、持つ意味が微妙に異なる。本書では、「タガログ語」表記を基本とし、制度などで定められている場合に限り「フィリピノ語」と表記した。

（7）他方、フィリピノ語（タガログ語）を母語とする外国人児童生徒数は6283人いる（文部科学省 2019a）。

第1章　日本の外国人児童と「発達障害」の児童

日本の学校で「発達障害」と認められ、特別支援学校に進学した外国人児童は、一体どのような状況のもとで生きていたのか。そもそもそれを知らなければ、この出来事の全体像を見ることはできない。そこで、彼らが置かれていた状況を知るために、ここからは、その背景をなす社会の状況にも目を向けていく。まずは日本に暮らす外国人や外国人児童をめぐる状況を、その次に「発達障害」の児童をめぐる状況を、順に見ていこう。

第1節　外国人を迎える地盤

(1) 90年体制、「包括的な移民統合政策」なき日本へ

まず、日本で暮らす外国人をめぐる状況に目を向けてみよう。その状況の基盤は、「90年体制」[1]と呼ばれる移民政策だ。90年体制は、１９９０年に改定施行された「出入国管理及び難民認定法」（以下、入管法）によって確立したもので、外国人の管理を主要な任務とする法務省入国管理局（以下、入管）を主管部局としてきた。この90年体制の特徴は大きく3点ある。

第一に、「いわゆる単純労働者」は、原則として受けいれない。

第二に、日系人（日本人の子および孫ならびにその配偶者）を受けいれ、その就労を許す。

第三に、従来からあった「研修制度」を整備し、これにより研修生を受けいれる。

この3点を見てわかるように、90年体制のもとでは、原則的には「鎖国論」の立場がとられていた。外国人労働者を受けいれると単一民族のもとで育まれてきた日本文化が崩壊する、という考えに立ち、外国人労働者を受けいれない姿勢が保たれてきたが、日系人と研修生という「抜け道」は残されていた。

他方、外国人労働者を受けいれようとする「開国論」は採用こそされなかったものの、労働力不足に対処しようとする経済界と、差別に反対する一部支援団体により支持されてきた。開国論と鎖国論の対立があったにもかかわらず、とりわけ鎖国論の立場が選ばれてきたのは、入管が移民政策全般にわたる決定権を掌握していたからだ。

たとえば、外国人の非正規就労への対策を念頭に置き、雇用許可制度を提示しようとしていた当時の労働省は、入管の反対に負け、それ以降は移民政策から締め出されることになった（濱口 2010）。日本政府はいまでこそ悪質なブローカー（仲介業者）の排除を強化しようとしているが、それでも外国人労働者を対象とした労働行政は全般にわたって手薄で、給与水準などを含む労働環境の整備には課題が山積している。こうして日本では今日まで、外国人の生活全般を対象にして保護や支援を講じ、彼らを社会統合するような国レベルの「包括的な移民統合政策」はほとんど欠如したままの状態が保たれてきた。

こうした国家の体制の中、外国人労働者の就労先の企業やその親会社は、彼らの生活を保障するための社会的コストから免れる「フリーライダー」になっていくことがある一方、その陥穽のしわ寄せや負荷は、当事者である外国人たちにはもちろんのこと、自治体やコミュニティへの負担といった形で地域社会にも及んできた。さらに外国人児童も増加していく状況の中では、その負荷はまだ子どもの外国人児童や、教育現場にまで広がっていく。

（2）90年体制下での2019年の到来

ここまでに見てきたように、外国人が困難を経験しうる状況は、90年体制のもと「包括的な移民統合政策」を欠いたままの社会で用意されてきた。さらに現在では、この体制が温存されたままに、新たな局面が展開されている。

2018年6月、安倍晋三首相が経済財政諮問会議で外国人労働者の受けいれ拡大を表明し、経済財政運営の基本方針（骨太の方針）にも明記した。農業や介護、建設などといった「存続・発展のために外国人材の受けいれが必要と認められる業種」を対象に、2019年4月から単純労働への外国人就労に門戸を開くことを想定したもので、専門分野の資格試験に合格するなど「より高い専門性を有する」と認められれば、在留期限を撤廃して家族の帯同を認めることも検討し始めた。

この方針は12月に改正出入国管理法として成立、2019年4月に施行された。同時に入管は、受けいれや在留管理を一元的に担う「出入国在留管理庁」（入管庁）として改組されることに決まった。

改正法は、新たな在留資格「特定技能」を2段階で設けた。「相当程度の知識または経験を要する技能」を持つ外国人には「特定技能1号」を、そのうち、より高度な試験に合格し、熟練した技能を持つ人には「特定技能2号」を与えることになった。「1号」の在留期間は通算5年で、家族の帯同は認めないことになっているが、「2号」は在留資格を更新できるため事実上の永住も可能で、家族の帯同も認められている。政府はこれら2つの在留資格をもって、5年間で最大約34万人の外国人労働者を迎え入れる算段だ（日本経済新聞 2019）。

この新たな展開に伴って、外国人労働者、そしてその家族としての子どもの増加が今後、さらに加速する可能性がある。しかし、外国人労働者の保護や支援も十分でない中で、政府がその家族や子どもを包括的に支援しようとする向きは見出しにくい。そして、今後も、入管を引き継いだ現在の入管庁が外国人への対応を担う。このことに対し、朝日新聞は次のような社説を掲げている。

〔入管による技能実習生への対応は、〕「管理・摘発」を任務としてきた組織が「支援・保護」の発想を持つ難しさを浮き彫りにした。ノウハウもなく、適切な担い手とは到底言えない。
外国人問題に詳しい識者たちはかねて、政策を総合的・横断的に進めるために出入国管理法にかかわる法律を制定し、「多文化共生庁」のような組織を設けるべきだと訴えてきた。将来を考えれば、今回のような弥縫策ではなく、そうした抜本的な対応こそが必要だ（朝日新聞 2018b）。

この指摘は、入管庁のもとでの90年体制、そのものを打破する必要性を訴えている。しかし、現状では、政府によってその方向性が検討されることはない。このまま入管庁のもとで90年体制が維持されることが相変わらずつづけば、そのしわ寄せや負担は、これまで以上に地域社会や教育現場に及んでいくと想定できる。このように長きにわたり問題を抱えてきた体制の中で新たな局面を迎え、外国人や外国人児童をめぐる新たな問題が生まれるかもしれないいまだからこそ、現在の日本社会が現行の体制の中で抱える問題を真摯に見つめる必要がある。

第2節　外国人児童を迎える日本の学校

(1) 日本語指導が必要な子どもへのカリキュラム

では、外国人児童について、日本社会はどんな状況を用意してきたと言えるだろうか。すでに述べたように、日本では外国人児童への教育は「恩恵」としての位置づけにとどまる。彼らへの教育が保障されているとは言い切れないのが現状だ。しかし、そんな中でも、外国人児童を対象とした新たな学校教育の仕組みが準備されてきたことも、また事実だ。その1つとして、日本語指導をめぐる制度を挙げることができる。

文部科学省は2014年に、日本の学校に通う「日本語に通じない児童又は生徒」を対象として「日本語の能力に応じた特別の指導」をおこなうための制度を設けた。日本語指導の対象となる「日本語に通じない」児童生徒とは、「海外から帰国した児童生徒や外国人児童生徒、その他主たる家庭内言語が外国語であるなど日本語以外を使用する生活歴がある児童生徒のうち、学校生活を送るとともに教科等の学習活動に取り組むために必要な日本語の能力が十分でないものを指すもの」と定義されている。

この「日本語の能力に応じた特別の指導」は、「児童又は生徒が日本語を用いて学校生活を営むとともに、学習に取り組むことができるようにすることを目的とする指導とすること」と定められており、年間10単位時間から280単位時間までの授業時間を、日本語指導にあてられるようになった。ただし、この「特別な教育課程」を設定するかどうかは児童の通う学校の判断次第という限界もある。

こうして日本の学校教育では、外国人児童の言語にまつわる困難に対応する仕組みが、制度の面から整えられていった。それまで外国人児童を支える仕組みとしては国際教室の設置と日本語教師の加配しか用意されていなかったことを踏まえれば、外国人児童という存在を改めて認識し、彼らを支える仕組みを拡大したものとして、一定の評価を与えることができるだろう(2)。

さらに、2019年6月には「日本語教育推進法」が成立し、施行された。国や自治体の責任のもと、外国人が日本語教育の機会を得られるようにすることが趣旨で、外国人児童もその対象に含まれる。内容はあくまでも基本理念にとどまり、具体的な施策は今後の検討課題となっている。だが、そうであるにせよ、この法律は「必要な財政措置を政府に求めており、国や自治体が施策を実施しやすくもなる」(毎日新聞 2019b)ことから、以前より前進したものとして、いっそうの評価を与えられるだろう。これに伴い、外国人児童への日本語指導もより手厚くなっていくことが期待される。

(2) 誰のための制度か

日本語指導のカリキュラムによって言語にまつわる困難の乗り越えを助けられる児童がいるだろうと考えれば、これはそんな児童たちの支えとなりうる。しかし、だからといって手放しに喜ぶばかりでは、見落としてしまう視点もある。

この日本語指導に対しては、教育社会学の視点から、「結局のところ、ニューカマーの子どもたち〔1980年代以降に来日した外国人の子どもたち〕を受けいれることによって日本の学校が『変質』してしまうのを防ぐことを目的とした、『日本人のための』営みにすぎない」との指摘が挙がっている(児島 2001: 65-66; 太田 2000)。「『日本語指導』は『授業がわかる日本語』ではなく、『みんなと同じ行動をとることができる日本語力』を習得させることを目的としたものであり、『適応指導』とはつまるところ『国民教育』にほかならない」との見方だ(児島 2001: 66)。これらを「同化圧力」として捉え、学校文化そのものを変革していく必要性が言われてもいる(児島 2001: 66)。

他方、このように「静的・固定的なイメージ」(児島 2001: 66)で学校文化を捉えるのとは別の見方として、日本語指導の場を、学校文化の中の「同化圧力」に「疑問を投げかけ対抗する諸力が内側から生成され、それらが互いにせめぎ合う場」として捉え直した研究もある(児島2001: 66)。その研究は、公立中学校に設置された「日本語教室」でフィールドワークをおこない、「学校文化とニューカマーの子どもたちの文化のはざまで自らをどのように位置づけるかについて常に決定を迫られる日本語教師は、そのせめぎ合いをまさに体現する存在であった」と捉えた（児島 2001: 66）。

しかし、これを共生の萌芽であるかのように喜ぶのはまだ早い。ここからわかるのは、外国人児童や日本語教師たちよりもはるかに大きな力を持つ「同化圧力」のしわ寄せを被るのが、そういったより小さな場での小さな存在だ、ということでもあるのではないか。現に、葛藤を経験させられているのは、そこにいるただ1人の日本語教師という、決して強くない、小さな存在なのだ。そのことに言及せずして、大きな「同化圧力」の側に「変容していく契機」が与えられている、と見るだけでは、現場への負荷を肯定することになってしまわないか。そして、その肯定は、より巨大なシステムによる「統合しない論理」の受けいれと地続きにもなりうると言えないだろうか。

（3）「日本人のための」学校教育

外国人児童は、日本語を習得するための制度に取り込まれることによって、日本の学校に馴染むことを求められる。しかし、彼らに強いられるのは、それだけにとどまるものではない。なぜなら彼らは、いま通っている学校という限定的な空間にいるだけでなく、その先の進路、すなわち進学をも想定した学校教育のシステムの中に取り込まれているからだ。だからこそ彼らは、進学を想定した状況の中で、さらなる困難を経験することもある。

昨今の日本においては、「少子化を背景に、高校に行く子どもの絶対数が減少し、『定員割れ』する高校もあるなかで、『楽しく』なくても、静かに原学級〔国際教室ではなく、所属し日本人児童たちとともに授業を受ける学級〕の中で座っていれば、外国人の子どもたちも高校にいけるようになりつつある」(宮島・加藤 2007: 8)。外国籍であれば、学力が十分でなくても入学できる「特別入試制度」を採用する公立高校さえあるのだ(宮島・加藤 2007: 8)。

これは一見、外国人児童たちの高校進学の機会を開くものとして、喜ばしく思えるかもしれない。しかし、宮島・加藤はこういった状況をかえりみて、「高校に入るという目的をあまりにも強調することは、かえって、外国人の子どもたちの学びを助けるための教育内容や方法を考案するという契機を失わせているのではないか」と逆説的に、懐疑的に捉えている(宮島・加藤 2007: 8)。宮島・加藤は、「彼らの『教育機会』を保障するためには、彼らをどのように高校に進学させるか(『押し込むか』)という議論だけではなく、国際移動者であり多様な文化背景を生きる子どもが日本の中学校で何を学ぶのか、中学校は彼らの学びをどのように支援できるのかという観点から、新しい時代の学校教育の役割を本質的に再考する議論と、そこから紡ぎだされる実践が必要であろう」(宮島・加藤 2007: 10)と考えている。

しかし、日本語指導を通して見てきたように、既存の「日本人のための」学校教育のシステムは、自らを変容させる方向に舵を取ってはいない。依然として日本の学校に通う外国人児童たちは、彼ら自身のための「『教育機会』の保障」なきままに、学校教育と対峙しなくてはならない状況に置かれている。

第3節　「発達障害」の児童の教育をめぐる状況

次に、日本で「発達障害」とされた児童の教育をめぐる状況にも目を向けていこう。「発達障害」とされた児童が特別支援教育の対象となったのは、比較的最近のことだ。その経緯、およびその後の経過を、まずは押さえていこう。

(1) 特別支援教育の対象へ

「発達障害」は2004年に制定された「発達障害者支援法」で次のように定義されている。

この法律において「発達障害」とは、自閉症、アスペルガー症候群その他の広汎性発達障害、学習障害、注意欠陥多動性障害その他これに類する脳機能の障害であってその症状が通常低年齢において発現するものとして政令で定めるものをいう。

さらに同法は、「発達障害」を抱える児童たちの教育を保障した。その後の2007年4月には、従来から一部を改訂した学校教育法が施行され、それまでの「特殊教育」は「特別支援教育」に変更された。このときに設けられた特別支援学校とは、「視覚障害者、聴覚障害者、知的障害者、肢体不自由者、または病弱者（身体虚弱者を含む）に対して、幼稚園、小学校、中学校または高等学校に準ずる教育を施すとともに、障害による学習上または生活上の困難を克服し自立を図るために必要な知識技能を授けることを目的とする」（学校教育法第72条）学校、つまり障害を持つ子どものための支援を充実させた学校のことを言う。より具体的には、「一人一人の教育的ニーズを把握し、適切な指導及び必要な支援を行う」ものとも定義されている（文部科学省 2016b）。

注目すべきはこのとき、ＬＤやＡＤＨＤといった「軽度発達障害」と見なされる児童生徒も特別支援教育の対象となったことだ（文部科学省 2016b）。以来、「発達障害」のために特別支援教育の対象となる児童の数は増加してきた。この改訂がなされた2007年には、「通級による指導」を受けている児童生徒数は4万6240人であったのに対し、およそ10年後の2016年には9万8311人と2倍以上にもなった（文部科学省 2016b: 7）。少子化が言われ児童生徒の総数は減少を見せる中で、このように「発達障害」を認められ、それを理由に特別支援教育の対象となる児童は急増するという、ねじれた現象が起きているのだ。

(2) 排除の論理としての働き

特別支援教育のおかげで、より多くの「発達障害」とされる児童が「支援」されている。「いい話」に聞こえるかもしれないこの動向は、しかし、議論の只中にある。

教育学者の堀家由妃代は、特別支援教育をめぐる「政策に対する教育現場の受動的態度」が、「通常の学校からの一部の学力不振者の排除を正当化していること、特別支援教育を受ける子どもたちのなかでの能力による階層化を生み出していること」を指摘した上で、「日本の教育改革はますますエクスクルージョンを強化している」として、特別支援教育が制度化・拡大していく動向を批判的に捉えている(堀家 2012: 66)。特別支援教育を通して「多様性」「ニーズ」といった「インクルージョン」を思わせる言葉を用いることによって、皮肉にも一部の子どもたちを追いやることが達成されているというのだ(堀家 2012: 66)。一体、どういうことなのだろうか。この主張を理解するためには、障害児教育と「発達障害」のそれぞれをめぐる、より根本的な議論を見ていく必要がある。

(i) 特別支援教育を捉え直す

まず、障害児教育のあり方について考えてみよう。これをめぐっては、大きく2つの議論がある。第一に、1979年の養護学校義務化以来つづく、「分離か統合か」をめぐる論争がある。養護学校義務化は、それまで就学猶予・就学免除の措置によって就学が許可されないこともあった障害児に教育を保障する道を切り開いたものとして知られる[3]（荒川 2003: 148）。しかし、これも「いい話」として簡単に片づけられるものではなかった。

養護学校義務化をめぐっては、障害児教育の「場」を争点とした議論が吹き荒れた（澤田 2007b: 97; 荒川 2003: 148-149）。障害児の「別学体制」の是非をめぐる対立があったのだ。障害児の教育を、障害児だけの養護学校でおこなうのか（発達保障論・分離）、「普通学級」で健常児とともにおこなうのか（共生共育論・統合）。別学体制を推進した立場は、「普通学級に在籍していることが、障害児にとっては適切とされる特別な教育が受け得られない状況であり、それを『差別』と同定してその解消を訴えて」いた（澤田 2007a: 104）。だからこそ、「別学体制」の推進を通して、障害児に対する差別を解消しようとしていた（澤田 2007a: 104）。一方の共生共育の立場は、養護学校に在籍することで「差異的な処遇をされることへの『差別感』」を訴えつづけた（澤田 2007b: 105）。

このような対立は、特別支援教育についての議論にも引き継がれている。「発達障害」を認められた児童を特別支援教育の対象とするのは、差別なのか、そうでないのか。排除なのか、包摂なのか。これについて一義的に答えを出すことは、到底できない。「発達障害」とされた児童が「適切とされる特別な教育が受けられない状況」を「差別」とするならば、特別支援教育は肯定的に捉えられる。一方で、その間「普通学級」から追い出しているのだと見れば、それは排除であり、否定的にも捉えられる。このように、分離か統合か、排除か包摂かをめぐっては、現在でも見方が対立し、議論がつづいている。

第二に、「支援」という概念についての議論がある。教育学者の金澤貴之（2013）は、特別支援教育に言及する法律や、特別支援学校小学部・中学部学習指導要領などで展開される論理を検討した上で、特別支援教育における「支援」という概念の背後にある意味を読み取った。金澤の主張は、以下にまとめられる。

「支援」という言葉は、……〔授業担当教員とは別に配置される〕「特別支援教育支援員」のように、外在的概念として示されることで、通常教育関係者への説得性が高まっていくと考えられる。そしてこれまでは特別支援教育を「自分たちには縁遠いもの」と考えていた通常教育関係者にとっての安心感でもある。すなわち、必要に応じて「特別な支援」が入るものの、今まで通常教育で行われてきた教育活動は本質的には変わるものではない、ということである（金澤 2013: 16）。

このように、「支援」を外在的概念として捉え、特別支援教育を用意することで、「通常教育」の側の教育活動の変容は求められないままとなった。すなわち、特別支援教育は、「通常教育」の側を保護するためのものとも捉えられるのだ。その一方で、特別支援教育は、「通常教育との本質的同一性を目的・目標としてきた」がために、障害を抱える子どもの教育の側には、変容を強いることとなる。

教育関係者による「支援」は、「健常者」が、それとは異なる価値を構築していく「障害者」のありようを、特定のベクトルに向けていく作用をもつものであることを念頭においておく必要がある。すなわち、「教育の外なるもの」として位置づく「支援」の在り方を検討する際、その対象が、健常者である「教育の外なる者」として存在することをも、注意深く意識に止めておかなければならないと言えよう（金澤 2013: 19）。

外在的な「支援」概念を持つ特別支援教育の制度化を通して、「通常教育」の側は保護される一方で、障害を抱える子どもの教育の側には介入する、との論理が隠れていたということだ。この「支援」概念を通して、変わらぬ「通常教育」から追いやられる者たちへの、よりソフトな排除が強化されていきうる。

ここまでの2つの議論からわかることは、次の2点にまとめられる。第一に、特別支援教育は、いまだに「別学体制」をめぐる議論、すなわち、差別とは何か、あるいは排除か包摂かといった議論の只中にあり、賛否両論あること。第二に、特別支援教育における「支援」それ自体、「今まで通常教育で行われてきた教育活動」を保護するためのものとして捉えられ、それは「通常教育」の外に位置づけられてきた障害者たちに介入していく営みとなっていくこと。これら2つの議論は、学校教育における排除と包摂をめぐるものであり、すなわち特別支援教育は、捉え方によっては排除の方法となりうることを示唆してもいる。

(ii)「発達障害」を捉え直す

次に、「発達障害」の概念そのものについて考え直してみよう。教育社会学者の木村祐子は、「発達障害」を「もともとは医療の対象でなかったにもかかわらず医療問題として定義され処理されるようになった現象」(医療化[4])だと捉えた上で、その特徴を3つ挙げている(木村 2007: 8-10)。

第一に、「発達障害」は、必ずしも従来通りの「逸脱」という枠で捉えられるものではないこと。従来なら注目されることすらなかった「ノーマル」な子どもも含めて「発達障害」として解釈されているからだ。これを踏まえ、木村は、「発達障害」を「学校文化に適応できていない『不適応な行為の医療化』」として理解している。

第二に、原因の不確実性が挙げられる。「発達障害」は、原因は「脳機能の障害」とされているが、科学的根拠はない。「発達障害の問題は、まさに心の発達理論という仮説に立脚しなければ、おそらく位置づけすら困難であったはずのもの」だとの指摘もある(斎藤 2003)。それゆえ、「発達障害」をめぐっては、原因、症状、対応において、医療・心理・教育など、さまざまな知識が錯綜している。

そういった状況にあって、より曖昧で、過剰な診断がなされている可能性もあるのだ〔斎藤 2003〕。

第三に、「発達障害」は、教育問題の「リスク管理」の対象ないし方法となりつつある。ひとたび障害名が与えられると、社会における困難な状態、問題、不安、あるいは危険性が抑えられることがあるのだ。教育については、教室経営、いじめ、不登校問題を未然に防ぐことにもつながる。同様の現象として、社会的養護の場面に見る「発達障害」の概念やそれへの対策についても、すでに社会学者の上野加代子が問題を提起している。

この概念〔「発達障害」の概念〕やそれへの対策も、……主に米国から日本へと、批判的な議論もほとんどなく導入された。社会的養護の現場において、手におえない、集団の秩序を乱す子どもには適切な診断と投薬治療が必要だとの認識が急速に形成されていったのである。「発達障害」を子ども個人の症状と考えるから、医学的治療の対象とすべきということになったのだが、それを管理主義的・画一主義的な環境に対する子どもの反発のあらわれだと考えるなら、「治療」すべきは子ども個人ではなく、環境の方だということになるだろう。このように、「発達障害」という概念そのものには、ある予断や偏見がある〔上野 2013: 30〕。

〔公費負担医療制度等のために、医療費の負担が軽いままに子どもを鎮めることができるという仕組みによって〕社会的養護における集団生活で不適応を起こす子どもの統制手段が、体罰からカウンセリングへ、そしてカウンセリングでは対応できない一部の子どもに対しては向精神薬を、という方向に流れているのである（上野 2013: 31）。

このように「発達障害」の概念は、子どもを取り巻く臨床現場でリスク管理のために用いられることがあるのだ。さらに木村は、子どもの不適応な行動を「発達障害」として医療的に認知することでもたらされた変化や解釈を明らかにしている。

発達障害を持つ児童は、……それほど勉強はできなくてもよくなり、コミュニケーション下手でも、不器用でも、障害の名のもとに、罰や厳しい指導から免除されるようになった。さらに、成績は、障害を考慮してつけられ、確実に以前よりも克服や改善を期待されなくなっている（木村 2007: 13）。

一方で、児童には新しい義務が課せられるようになっている。単に、不器用であったり、勉強ができなかった子どもは、特別支援教育によって障害を克服しようと努めなければならなくなった。児童は、本人が望むかは別として、通級学級に入級したり、通常学級から離れて個別指導を受けなければならなくなった。子どもの「病人役割」としての義務は、通級や個別指導など特別支援教育としての制度が整えば整うほど強化されていくと予測できる（木村 2007: 13-4)。

このように、学校生活に不適応を起こす子どもは「発達障害」の名を与えられるようになり、学校のリスク管理の必要に応えるとともに、その名に似合う役割を与えられることを通して、特別支援教育の制度のもとで処遇されるようになっていった。

しかし、先にも見てきたように、そもそも「発達障害」の概念自体、「科学的根拠や原因が特定されておらず、曖昧で不確実な要素を持っている」（木村 2006: 8)。これを踏まえ、木村は、そういった曖昧な「発達障害」の概念は教育現場でこそ、より顕著な問題となってくると指摘する。

医療的介入の現場が教育現場となったとき、医療の不確実性はより慎重な問題として捉えなければならないだろう。なぜなら、教育現場では、医療が不確実性をもっていようとも、制度によって認定された、「正統な知」として介入してくるからである。つまり、制度として介入してくる段階で、教育現場の当事者は、医療的実践そのものを科学的な根拠をもった正統なものと認識し、曖昧にされながらも着実に進行している医療化の不確実性や曖昧さに無自覚になってしまうからである（木村 2007: 20)。

こうして無自覚を貫いた教育現場で「発達障害」の概念が受けいれられ、より多くの子どもがそう認められ、選別され、リスク管理の対象となる。そして、彼らは特別支援教育の対象となり、「わけられ」、「支援」されることになる。こうして、「通常教育」から追いやられるようになると、議論は先の特別支援教育のものとも接続し、より複雑なことになる。

まして、この「発達障害」をめぐる状況に外国人児童が巻き込まれたら、どういうことが起こるだろうか。なんらかの経緯を経て、外国人児童が、不確実で曖昧な「発達障害」の概念のもと、特別支援教育の対象となり、「通常教育」から追いやられていく。しかも、まさにそのとき、教育現場においてはその「発達障害」の概念の不確実性が全くもって自覚されないままに、その道がつくられていく。こんなことは、想像に難くない。なぜなら、すでに見てきたように、「通常教育」の側は「発達障害」とされた児童および外国人児童のための変容を志向してはいないからだ。そのような「通常教育」から追いやられやすい条件を持つ者が、曖昧な言葉をもってして、なんらかの方法で排除されることは、決して難しくないということになる。

（3）「発達障害」を疑われる外国人児童の説明

だが、そうして特別支援教育や「発達障害」をめぐる状況の中に外国人児童が巻き込まれていく場合に何が起こるかを知りたいと思っていても、その〈実態〉を詳細に知るための資料は、あまり用意されていない。知ることのできる限りのこととして、ここからは大きく2つの説明を試みる。第一に、外国人児童が学校において直面する困難と「発達障害」の関係性について、何が言われがちか。第二に、豊田市に住む「発達障害」が疑われる外国人児童についての〈実態〉調査の結果を通して、何が言われているか。これらを踏まえた上で、「発達障害」を疑われる外国人児童をめぐる状況について現時点で何が言われているか、そして、何がまだ明らかにされず、説明されていないかを検討してみよう。

まず、外国人児童が学校において直面する困難と「発達障害」の関係性について。外国人児童が学校において直面する課題や困難には、低学力、適応困難による情緒不安定、不登校、いじめなどがよく挙げられる。そのうち、低学力については言語習得の困難だけでなく、「発達障害」がその背景をなす場合もあると考えられている（松丸 2016: 44-47）。

外国人児童に「発達障害」が疑われる場合、日本語以外の言語にも応じた検査ツールや、文化や言葉の違いにかんする正確なテスターが不足していることが、この状況での困難として挙げられる（松丸 2016: 44）。正確な検査を期待できない場合には、母国で検査を受けるように勧められる場合もあるが、日本で検査を受ける場合には、母語を使用できる医療機関や支援機関を利用したり、行政の通訳派遣制度を利用することが多いという（松丸 2016: 44）。得られた検査の結果にもとづいて、教員やスクールカウンセラーが具体的な支援方法を考え、「特別支援教育を施行することができる」場合もあるという（松丸 2016: 44）。

次に、「発達障害」を抱えるとされる外国人児童の〈実態〉を知る手がかりとして、「発達支援を必要とする外国人児童」の現状の把握を目的とした「豊田市における外国人障がい児の現状と課題に関する調査報告書」での「豊田市の認可外保育施設、幼稚園、保育園、小中学校の外国人障がい児などの現状についてのアンケート調査」の結果を見てみよう（豊田市こども発達センター・豊田市福祉事業団 2010）。２００７年に学校などの１９４機関から得られた回答をもとにしたこの調査報告によれば、学校の教員たちが外国人児童に障害を疑う理由としては、「ことばの遅れや多動、こだわりがある、周囲の状況に合わせにくいなど、集団での不適応行動があるという理由が多かった」という。

その一方で、そういった外国人児童に出会った教員たちは、「それが障がいなのか、環境によるものなのか判断に迷い、専門機関への紹介をためらう」場合もあるという。また、障害が疑われる外国人の子どもを専門機関に紹介したとしても、「利用にいたる割合は20％と低かった」。その理由として、「紹介しても仕事が休めない」といった、家庭の事情が挙げられている。

また、同報告書の「豊田市こども発達センター相談室の利用外国人の全数調査」の結果を参照すると、１９９９年から２００８年までの実際の相談・受診の場面で通訳が必要とされるケースは、全体の約３割を占めていた。そういったケースでは、仮に「発達障害」を「早期に発見しても、通訳者がいないと療育機関にはつながりにくい」という。このような状況の中で、1999年からは「保健師や相談室が調整して市役所の通訳を手配」するようになったが、その後の2005年以降は「児童の在籍する機関の通訳者が同行するケースが増加している」という。

以上の2つの説明からわかることとして、3点を挙げたい。第一に、日本の学校において外国人児童は、「低学力」や「ことばの遅れ」「集団での不適応行動」などを理由に、「発達障害」を疑われる場合があること。第二に、「発達障害」を疑われる外国人児童を対象とした相談・受診・検査においては、言語や文化の違いが大きな壁となる場合があること。第三に、そういった状況がありうる中でも、あくまでも検査の結果にもとづいて、教員たちが具体的な支援方法を考え、当の外国人児童を特別支援教育の対象とする場合があるということ。

しかし、これらに対応する次の3点においては、いまだにその詳細は明らかではない。すなわち、第一に、学校において、教員たちが外国人児童の「低学力やことばの遅れ、集団での不適応行動などを理由に」、「発達障害」を疑うようになった過程は、どんなものだったのか。第二に、検査の場面などで「言語や文化の違いが大きな壁となる」にもかかわらず、その実践はいかにしておこなわれ、また、その結果は外国人児童や外国人児童を取り巻く人々に、どのように受けとめられていたか。第三に、教員たちが考えた「具体的な支援方法」とは何であり、他でもない特別支援教育が選ばれる理由は何だったのか。こういった、より具体的で質的な側面については、以上の説明や調査結果からは知ることができない。

注

（1）90年体制については、社会学者の駒井洋（2015）による説明をもとに捉えていく。

（2）ただし、毎日新聞は今日までの日本語指導について、決して万全ではないと指摘している（毎日新聞 2019b）。「近年は日本語教室のない農村部などにも外国人が住むようになり、地域格差が生まれて」おり、「［日本語指導が必要な児童生徒のうち］誰からも指導を受けられていない『無支援状態』の子どもは全体の24％に上った」。また「全国の日本語教師約4万人のうち、ボランティアが約6割を占めている」として、「日本語を教える人材は量、質ともに不安定」だと指摘する。見逃せない課題が、まだまだ残されているということだ。

（3）これを牽引したのは、「発達保障」の考え方だった。これは、「いかなる重度な子ども発達することを示し、その発達を保障する条件整備を権利として要求」するものだった（石部・伊藤他 1981: 253）。こうして障害観・発達観を転換させた発達保障論は、「それまでの固定的な障害観によって教育の対象とはみなされてこなかった、特に重度障害児に就学への道を開いた」のだった（澤田 2007a: 133）。
　しかし、発達保障論者たちは、結局は「人間を『能力の束』としか見ず、障害者の隔離をもたらし、結果として国家や経済界の利害に共振している『能力主義』である」として、のちに批判を浴びることにもなっている（澤田 2007a: 137）。このように、障害児教育の発展を切り開いた考え方さえも批判の対象となることからも、障害児教育をめぐっては、根深い議論が展開されつづけていると知れる。

（4）医療化とは、「非医療的問題が通常は病気あるいは障害という観点から医療問題として定義され処理されるようになる過程」を指す（Conrad & Schneider 1992）。

第2章　これまでの外国人児童の「発達障害」

実は、「発達障害」と見なされた外国人児童を対象にした研究は少ないながらも、これまでにもおこなわれてきた実績がある。ここからは、これまでの先行研究では何が明らかにされてきて、何が見過ごされてきたのかを考えていこう。そして、これまでの限界を越えて新たな知見をもたらすために必要となる視点は何なのかを探ってみよう。

ここからは、大きく2つ、「発達障害」と認められた外国人児童の「問題行動の要因」やそれに向けた支援を探った一連の研究と、ある外国人児童が「発達障害」と認められるに至った経緯を探った研究について見ていく。これらの成果と課題を挙げた上で、これまでに残されてきた課題に応えるには何が必要かを考えていこう。

第1節　外国人児童の「発達障害」の見方

(1)「発達障害を抱える」外国人児童

外国人児童が「発達障害」を抱えるとされている場合に、「児童がみせる様々な行動は、文化的な背景やコミュニケーション上の問題から生じているものなのか、または、発達障害があり、それらを基盤にして生じてくるものなのかは特定しがたい」と言われる（都築・森川・金子・中山・川上2010: 69）。このことを問題意識として、そのどちらが、あるいは、何が、外国人児童の「問題行動の要因」になっているのかを特定するための研究（黒葛原・都築 2011）や、そういった原因の特定が難しい課題を抱える外国人児童への支援の方法を提言するための研究（都築・森川・金子・中山・川上 2010; 境・都築 2012; 早川・都築 2012）がおこなわれてきた。

これらの全ては、「発達障害」とすでに認められていたり、疑われている外国人児童を対象としていた。彼らを対象とした観察・分析を通して、たとえば外国人児童が「落ち着きなく周りをみる状況」は「ＡＤＨＤによるもの」ではなく「日本語理解が十分でないため」に「視覚的に情報を得ようとしている」からであると推測され、一方で「同じ動作を繰り返したり、手や紙などで遊んだりする行動はＡＤＨＤの多動行動であるとみなされた」などといった考察が提示されている（黒葛原・都築 2011: 68-69）。

こういった知見は、ある外国人児童を「発達障害」を抱える児童として分類する場面で、重要な役割を果たすのかもしれない。先の記述で前者の行動のみをとる外国人児童を「発達障害」とは見なさず、後者の行動をとる外国人児童を「発達障害」と見なす実践を根拠づけるからだ。

他方、「発達障害の理解と外国人の理解を足して、二で割る」というだけなく「固有の視点を持って理解することが本来であろう」との注意を促しつつも、そのための方法については、教育現場も研究者たちも「現時点では、明確なアプローチを持ち得ていない」と結論づけた研究もある（境・都築 2012: 39）。

これら一連の研究がもたらした知見や示唆は、実際に教育現場で「発達障害」を疑いたくなる外国人児童とかかわる教員たちがなす判断や支援を助けるかもしれない。しかし、同時に、限界も指摘できる。なぜなら、これらは全て、すでに「発達障害」と見られている、あるいは見られ始めている外国人児童たちを選び、対象としているからだ。すなわち、上に挙げた研究の全ては、外国人児童たちの「発達障害」を、所与として受けいれている。その分類を前提とした上で、彼らの行動の特徴を分析したところで、それらは「発達障害」を抱える児童の行動として捉えられつづけてしまう。

だが、そのような捉え方では見えてこないことがある。すなわち、彼らはいかにして「発達障害」と認められるようになったかが、全く明らかでないのだ。彼らがどうして「発達障害」と見なされることになったかがわからないままに、彼らを「発達障害」の児童として見定め、「発達障害」の児童たる彼らの行動を「問題行動」として認めるやり方では、結局は彼らを「発達障害」の児童として回収してしまうことになる。

たとえば、先行研究で検討された1つの事例（早川・都築 2012）を考え直してみたい。「自閉傾向がある」と見なされた小学3年生の外国人児童Aの行動についての記述だ。なお、この児童Aは、「自閉傾向があるが、日常生活を送ることに支障はなく授業も聞いていれば自分で理解できる。特に必要な支援というものはなく、声をかけたり少し手伝ったりすることだけで多くのことができる。また友達関係も良好でコミュニケーション能力もある」という（早川・都築 2012: 41）。しかし、児童Aの何が「自閉的傾向」として認められたかは、少なくとも記述からは明らかではない。そんな児童Aの行動についての記録のうち、「手洗い」と題された記述を読んでみよう。

年明けの授業で書初めがあった。自分の指で筆の先をそろえて書いていたので少し驚いたが特に何も言わずに見守っていた。Aなりにとても一生懸命書いていた。しかし、墨があちこちにつき顔にもついていたので、担任が手を洗ってくるように言った。Aは一人で洗いに行ったが、なかなか戻ってこなかったのでトイレに見に行った。すると、自分の服の袖を濡らし一生懸命手についた墨をとっているが、なかなかとれずにずっと冷たい水で洗っていた。トイレの紙を使って顔の墨と手の墨をふき、濡れた袖をまくって教室に一緒に入った。このとき、ほとんどのことができるAだが、なかなか取れない汚れがついた手を洗うことは難しいことや、自分の袖が濡れることもなんとも思わずふいてしまうAの特徴を見い出した。ほとんどのことが普通にできるが、色々な場面で〔学級〕支援員として気にかける事柄があることを認識する（早川・都築 2012: 42）。

ここでは、「書初め」という、きわめて日本特有の文化を象徴するような活動に外国人児童が参加している。児童Aの国籍、日本での居住歴、書初めの経験の有無については記述からは知りえないが、外国からやってきた子どもがいきなり「書初め」を体験したところで、墨のついた筆の使い方をわからないこと、そして、墨の汚れの落とし方がわからないことは想像に難くない。にもかかわらず、それらについて教員たちから児童Aにわかるように教授されたかどうかについては、明らかでない。明らかでないのは、この記述において重要視されていないからだろう。

そして、児童Aは紛れもなく、「一人で」手を洗いに行くことになっている。教員の指示に従順に従い、なかなか水で落ちない墨を落とすために、誰にも教えられることなく、袖を使ってまで工夫して懸命に洗いつづけた児童Aの努力は、その後、「なかなか取れない汚れがついた手を洗うことは難しい」といった本人の不器用さや、「自分の袖が濡れることはなんとも思わずふいてしまう」といった本人の無頓着さとして理解されている。それだけでなく、「ずっと冷たい水で洗っていた」ことを嫌がらないといった記述を通して、水を好みやすいという自閉的傾向の言説と結びつけられかけてすらいる。

しかし、繰り返すように、これは他のあらゆる「色々な場面」と簡単に並べ立てることができないほど、日本特有の文化を象徴した場面での出来事だ。にもかかわらず、そのことには記述も含めて誰も言及せず、異文化の中で児童Aが講じた手探りのやり方と努力は、「Aの特徴」として個人の特性、すなわち「発達障害」に回収されていくことにつながっていった。しかし、この理解は、あらかじめ児童Aが自閉的傾向を持つ児童として存在しているからというのと不可分のことだろう。児童Aは、自閉的傾向を持つ児童として分類された時点で、そのような視線から容易には逃れられないことが、ここにあらわれている。

そこで、新たに求められるのは、ある外国人児童がいかにして、あるいは、どうして、「発達障害」と認められるに至ったかを、あわせて考えていくことだろう。どんなときに何が見られ、何が言われていたか。それを知ることもあわせなければ、新たな誤りを生む可能性もあるのだ。

(2) 外国人児童の「発達障害」が認められる過程

では、外国人児童が「発達障害」と認められるのは、いかにしてか。教育学者の菅原雅枝（2004）

が、それをすでに検討している。菅原は、外国人児童について「日本滞在が長くなり、会話が『ネイティブ並み』になるほど、学業面での不振は個人的資質にその原因を求められる傾向がある」ことを指摘した上で、そういった外国人児童の「特別な教育的ニーズ」を判断する難しさを指摘している(菅原 2004: 91)。これを問題意識として菅原は、中国から来日し、日常会話においては日本語に問題を抱えない児童B[1]が知的障害を抱えると認められるに至る経緯を明らかにした。ただし、これは2002年度の話で、2004年の「発達障害者支援法」制定以前の出来事であり、「発達障害」ではなく知的障害のための検査等がおこなわれた経緯が調査されていることには注意されたい。

小学3年生で来日した児童Bは、学校で「日本語の不十分さ、学習内容が定着していないこと、抽象思考に問題があること」が認められるようになり、担任が「学習障害の可能性」を持ち出すようになった。児童Bが来日してどれくらい経っていたのかは記述からは定かではないが、日本語指導を受け始めてわずか半年以内のことだったという。その後、学習面で課題を感じていた母親からの要望もあり、児童Bに知能検査を受けさせることに決まった。その後、児童Bは当時の「特殊学級」への通級を始めることとなる。

この一連の経緯を観察していた菅原は、大きく2点を明らかにした。第一に、検査方法の不確実性だ。子どもが十分な日本語力と日本文化に基づく知識や価値観を持っているかが知能検査結果の信頼性に大きく関わる。Bは、学習に必要な日本語力がなく、日本文化に基づく知識等も十分ではなかった。しかし、査定を行った相談員はこのような情報を担任から得ていないため、この点は考慮されず、検査結果はすべてB自身の「内的要因」によるものと解釈されている（菅原2004: 93）。

このように、言語や文化的な差異に由来する困難を考慮しない検査の実施により、検査の結果が全て外国人児童の「内的要因」、すなわち、障害のためとされるに至った。このため、菅原は、外国人児童を対象とした知能検査の方法を確立する必要があると指摘している（菅原2004: 94）。

第二に、外国人児童の『特別な教育的ニーズ』の把握が、知能検査によってではなく、子どもに関わる教員・支援者の集団による観察とそれに基づく授業の展開によってなされたことを明らかにした（菅原2004: 93）。菅原によれば、知能検査の後、「Bの指導に関わった三者〔教科担任・通級担当・日本語支援者〕がそれぞれの専門性からBの観察を行い、その情報を担任を通して共有してきたこと」により、児童Bの「特別な教育的ニーズ」が把握されていた（菅原2004: 93）。

以上を踏まえると、次の2点がわかってくる。第一に、外国人児童を対象とした検査の方法や結果の信頼性には、課題があること。ここから、「発達障害」の診断を持つ外国人児童について、「発達障害」であることを所与のように見なして議論を進める態度は、克服される必要があるとわかる。

第二に、障害があるとされることとなった外国人児童の「特別な教育的ニーズ」は、教育現場で複数の人々の視点から把握されること。ある外国人児童の抱える困難やそれへの対処をどう捉えるかは、捉える人の数だけありえるということだ。だからこそ、誰か特定の専門家というよりも、当の外国人児童にかかわった現場の人々の、出来る限り多くの見方を把握することが、〈実態〉をつかむために求められることだと考えられる。

しかし一方で、菅原の研究によっては十分明らかにされていないことも残されている。当初、児童Bの課題は「日本語の不十分さ、学習内容が定着していないこと、抽象思考に問題があること」、すなわち、日本語にまつわる外国人としての困難と、学習や学力についての困難の両方が挙げられていたはずだ。にもかかわらず、いかにして、途中で、外国人児童の「外国人としての困難」が捨象されて捉えられるようになっていったのか。あるいは、「日本語の不十分さ」も「知能」の問題として捉えられていたのだとすれば、そのとき、なぜ、日本語を教わるようになってわずか半年の外国人児童の「外国人としての困難」は、議論に上がらなかったのか。こういった点は、全くもって知ることができない。

第2節　思い込みと見過ごしを越えて

ここまで、「発達障害」と認められた外国人児童を対象とした先行研究で何が言われてきたかをおさらいしてきた。これらを踏まえ、先行研究に残された課題を克服するための指針を、2つ挙げたい。

第一に、外国人児童が「発達障害」を抱えると見なされるようになるまでの過程に着目することを通して、その外国人児童がどんな困難に直面していたかに目を向ける必要がある。「書初め」の事例で見てきたように、ひとたび「発達障害だ」と認められた外国人児童は、研究の対象としても、「障害児であること」を所与と捉えられてしまうようになる。外国人児童のための妥当な検査方法は確立されていないにもかかわらず、そうなのだ。すると、彼らの困難は「障害児であること」に回収されがちになり、彼らの「外国人としての」困難を捉える機会は逃されてしまう。だからこそ、彼らの困難そのものに目を向けるためには「障害児である」ことを所与としては捉えない方法をとる必要がある。具体的には、「障害児である」と認められる以前に立ち返り、検査や診断に至るまでの過程に着目する必要がある。その過程で何が外国人児童の直面する困難として捉えられていたかを知ることにより、その困難をはじめから「障害児のもの」と見なさないことができるばかりか、それを他の要因との関連の中で考える道が開かれていく。

この必要性は、「障害の社会モデル」の視点から捉えることもできる。この視点に立てば、障害とは個人の問題（インペアメント）ではなく、社会的に用意される問題（ディスアビリティ）のことだ。ここでは、外国人児童が「発達障害」と見なされるために必要なインペアメントの要件や、それらが認められたという事実自体は、いったん不問にする。なにせ、これは正確に測り知ることすらできないのだ。

その代わりに、その外国人児童にとってのディスアビリティとは何だったか、どんな困難が社会的に用意されていたかを問題としていく。このディスアビリティは、外国人児童が「発達障害」と見なされたならば、そう認められるまでの過程に、必ず議論に上がっていたはずだ。なぜなら、これこそが、その過程の中で、一括りに「発達障害」と見なされていたものだからだ。よって、「発達障害」を疑われた過程において、何が本当の困難の正体だったかを探ることを通して、外国人児童が直面していたディスアビリティが何だったかを知ることができる。そして、これによって、「発達障害」を認められた外国人児童が直面していた困難がどんなものだったか、そのものを捉えていけるのだ。すると、その困難がいかなる社会的状況の中で用意され、つくり出されていたものだったかを検討することができるだろう。こうなって初めて、「発達障害」と見なされた外国人児童が直面した困難が、外国人としてのものだったか、それ以外のためのものだったか、などと議論し始めることができる。

繰り返しになるが、彼らの障害を所与と見なすところから見えるものには、限界があるのだ。だからこそ、その見方は放棄し、あくまでも障害が認められるまでの過程で「障害」として捉えられていたものが何だったかに着目し、それを改めて社会的状況の中に置き直していくことが求められる。

第二に、外国人児童に「発達障害」が認められる過程を知ろうとし、そこで何が困難として挙げられていたかを見ていったとしても、結局は、彼らの困難は「障害児のもの」とされていくことに着目する必要がある。すなわち、いかにして彼らの困難が、「外国人のもの」ではなく「障害児のもの」になっていったか、という過程にも目を向けていく必要があるのだ。

菅原が示している通り、ある外国人児童の「特別な教育的ニーズ」は教育現場で複数の人々によって捉えられ、折衝されることを通して定義されていく。複数の人々の視線と意図が絡む中で、いかにして、外国人児童の「外国人としての困難」は小さくされていくのか。いつから、どうして、語られなくなるのか。そういった視点から、いかにして「外国人としての困難」が見えづらくされていったのかを、明らかにしていく必要がある。なぜなら、その方法や理由は、社会的状況の中で用意されているとしか言いようのないものだからだ。すなわち、それらを知ることにより、当事者と教育現場を取り巻く社会的状況を知ることにもつながる。

外国人児童が「発達障害」とされるまでの過程に着目すること。その過程で、「外国人としての困難」はどのようにして見えづらくされるのかを注視すること。この2つは、これまでに乗り越えられなかった課題を克服するためには欠かせない。これらを念頭に置くことで、「発達障害」とされた外国人児童についての新たな気づきをもたらすことを目指したい。

注

（1）菅原の論文では児童Aとして登場するものの、ここでは前の事例の児童Aとの混同を避けるため、児童Bとする。

第3章　インタビューの詳細

ここからはいよいよ、実際におこなったインタビューについて説明していきたい。誰にどんな話を聴いたのか、また、その人たちを取り巻く環境はどんなものだったかについて、順に見ていこう。

第1節　インタビューの方法

(1) インタビューの概要

2018年の夏から秋にかけて私は、フィリピンから来日したきょうだい2人（カズキくんとケイタくん）を取り巻く保護者（マリアンさん）と教員たち（森先生、古川先生、山崎先生、寺田先生、ハンナさん、原田先生、小島先生、今井先生、大塚先生）の10人にインタビューをしてきた。[1]

なお、個別の名称には全て仮名を用いている。カズキくんとケイタくんが暮らした地名はP県、2人が所属した吉田中学校内の特別支援学級は5組とした。

インタビューでは、おもに、障害の診断を受けるに至った経緯、障害に伴う主観的な困難、就学上の主観的な困難と、進学先を選択するに至る過程について質問した。

インタビューにあたっては本人の許可を得た上でその会話を録音し、インタビューを終えたのち、録音データをもとに文字データをつくった。この文字データをもとに、それぞれの話の内容について分析を進めた。

（2）10人に話を聴くということ

たった1組のきょうだいについて、10人の大人から話を聴くことにしたのには理由がある。のちに見ていくように、複数の人々によって語られた同一の出来事は、必ずしも画一的な語られ方をしなかった。しかし、そのことが、それぞれの話の信憑性を損なうのではない。そうではなく、同じ〈事実〉でも、見る個人により、異なった見え方をしているということなのだ。そのような複数性を捉えていくことが、〈事実〉を多面的に、立体的に捉えていくことにつながる。

特に、「発達障害」と診断された外国人児童の特別支援学校への進学という出来事については、今回の事例に限らずとも、一枚岩の見方や語られ方は存在しない。その意味で、あらゆる立場の関係者たちが、こういった出来事をどのように見ているかということそれ自体、明らかにしていく価値がある。

また、〈事実〉を多面的に捉えるという意味では、誰かにとっての〈事実〉のみを特権化するようなこともしない。10人の語りは全て平等だという前提のもと、過ぎ去った〈事実〉を再構成していこうというのが基本的な姿勢となる。(2)

第2節　インタビューの対象

(1) 登場人物たち

(i) きょうだいと語り手たち

カズキくんとケイタくんは、ともにマリアンさんを母親に持ち、カズキくんを年長とするきょうだいだ。2人の父親は日本人で、現在カズキくん、ケイタくん、マリアンさんが暮らしているP県から、

500km程度離れた都市に暮らしている。父親は休暇などの際に、3人に会いにP県を訪ねることがある。

カズキくん、ケイタくん、マリアンさんの3人は、2010年代のある時期まで、フィリピン国内で生活していた。フィリピンの公用語はフィリピノ語（タガログ語）と英語だが、祖父と郊外で暮らしていたカズキくんとケイタくんは主にビサヤ語やさらに希少な地元の言語を話して暮らしていたという。

2010年代のある時期、マリアンさんが日本で介護の仕事をすることに決まり、カズキくんとマリアンさんが2人で来日した。このとき、カズキくんは小学6年生の途中の時期だった。来日後、カズキくんはP県の公立の吉田小学校に通うようになった。

一方、ケイタくんはフィリピンに残って祖父と暮らしていた。しかし、数年後に祖父が亡くなったことを契機に、ケイタくんも来日することになった。このとき、ケイタくんは中学1年生の途中の時期だった。以来、親子3人はP県内で同居している。

カズキくんとケイタくんは、ともに公立の吉田中学校に通った。その後、年長のカズキくんが先に公立の西第二高校という特別支援学校に進学し、年少のケイタくんも、同じ西第二高校に進学した。

2人は吉田中学校で、所属した国際教室（日本語教室）で森先生、特別支援学級（5組）で古川先生とかかわった。加えて、カズキくんは、山崎先生と5組や部活動でかかわり、寺田先生と中学1年生のときに所属した通常学級でかかわったほか、母語支援員（通訳）のハンナさんともかかわりを持った。このようにして吉田中学校でカズキくんやケイタくんとかかわってきた教員たち4人と母語支援員、そして母親の計6人が、カズキくんとケイタくんが「発達障害」と診断されるに至った経緯や、進路選択に関与した重要な人物として、インタビューに協力してくれた。

これに加え、部活などの課外活動を通してカズキくんとケイタくんの中学校生活を見守ってきた教員4人（副教科の原田先生、カズキくんの部活顧問の小島先生、ケイタくんの部活顧問の今井先生と大塚先生）も、インタビューに協力してくれた。4人は「発達障害」の診断の経緯や進路の選択について、直接には関与していない。だが、彼らの語りを含むことで、カズキくんとケイタくんの学校生活での姿をさらに立体的に捉えていけると期待できる。

ただし、10人の大人たちがカズキくんやケイタくんを見ていた時期が異なることには、注意しなくてはならない。たとえば、きょうだいを取り巻くなんらかの状況について、異なる見方をしている人たちがいたとする。それは、時期が異なるからこそ、別の説明の仕方となっているという可能性もある。その点にも配慮できるよう、10人がそれぞれいつの時期にカズキくんやケイタくんとかかわりを持っていたかを確認できる表4をつくったので、参考にしてほしい。

（ⅱ）きょうだいと私の関係

私は吉田中学校内の「日本語教室」と呼ばれる国際教室の活動に学生ボランティアとして参加し、

表4　カズキくん、ケイタくんと大人たちがかかわった時期
インタビューをもとに作成。

		マリアンさん	森先生	古川先生	山崎先生	寺田先生	ハンナさん	原田先生	小島先生	今井先生	大塚先生
カズキくん	小6	母親	日本語指導				母語支援				
	中1			5組		通常学級			部活		
	中2				5組と部活	交流学級					
	中3							副教科		学年	
ケイタくん	中1	母親	日本語指導	5組						部活	
	中2							副教科			
	中3										5組と部活

そこに所属する中学生たちへの学習支援をつづけてきた。私が当時暮らしていた京都市内の住居および大学から吉田中学校までの道のりは長く、バスや電車を複数回にわたって乗り継いで通っていた。生徒たちへの学習支援の時間よりも、往復の「通学時間」のほうが一段と長かったほどだ。日本語教室を受け持つ森先生はよく、「ボランティアさんたちは京都市の大学から長い時間をかけて、ここまで通ってきてくださってるんやでー」と生徒たちに説明していた。

　この吉田中学校の日本語教室には、吉田中学校内の3学年に所属する10人程度の「外国につながりのある子ども」たちが集まる。所属する生徒のほとんどが、フィリピン人の母親を持ち、フィリピンから日本に移住した経験を持つ。

　放課後、吉田中学校内に設けられた「日本語教室」という教室で学習会が開かれている。学習会の開催は週に3回程度で、1回に1時間から2時間程度の時間をとり、日本語の勉強や日々の中学校の勉強や宿題のサポートなどがおこなわれている。この学習会の中で、私はケイタくんと出会い、ケイタくんが高校に進学するまでの一定期間を見守った。

当初、カズキくんと私の間に面識はなかった。私が日本語教室の活動に参加し始めた時期には、カズキくんはすでに吉田中学校を卒業していたためだ。私がインタビューを実施していた夏休みの期間のある日、日本語教室で開かれたパーティ[3]に、カズキくんは卒業生として参加した。その際、カズキくんと私は初めて対面した。私がカズキくんに自己紹介をすると、カズキくんは私に「お母さんとか先生に、質問をしてるって聞いてます」と言って挨拶をしてくれた。私がカズキくんとケイタくんを話題としたインタビューをおこなっていることは、マリアンさんからも説明があったそうだ。

(2) 登場人物たちを取り巻く環境

カズキくんとケイタくん、またその保護者と教員たちを取り巻いていた環境がどんなものだったかについても説明が必要だ。ただし、P県、吉田中学校、西第二高校、吉田すみれ園(後述)などが特定されないよう注意を払って記述しているため、具体的な情報および名称については事実に似た、しかし異なる表記をしている場合もある。地域や学校、施設についての詳細は、P県およびP県教育委員会のホームページ、文部科学省のホームページ、吉田すみれ園が公開している情報、および吉田中学校の教員たちからの情報提供などで得た。

なお、P県等の特定を避けるため、P県やP県の取り組みとほぼ同様だと見なせたものにかんしては、インタビューを実施していた時期に私が暮らしていた京都府ないし京都市の事例や説明を引用したり、ミックスするなどして記述している。特に断りのない場合にもそうしている場合があることには注意されたい。

(i) 外国人児童を対象とした支援

カズキくんとケイタくんが暮らすP県には、2人のように「日本語指導が必要な児童」が100人以上暮らしている。人数の多さやその増加を背景に、P県では2010年代から、日本語指導を重視した施策を展開している。来日してから1年以内で「特に支援していく必要のある児童」を対象として、日本語指導やコミュニケーションの支援をおこなうというものだ。日本語指導員や母語支援員が「重点校」を巡回しながら、この支援にあたっている。

(ii) 吉田中学校にフィリピンから来た子どもが多い背景

カズキくんとケイタくんが通った吉田中学校には、フィリピンとつながりを持つ子どもが常時10人程度在籍している。この10人の子どもたちの母親たちの多くは、吉田中学校から徒歩15分程度の距離に位置する、介護保険施設（以下、吉田すみれ園）に勤めている。大規模な吉田すみれ園では、100

人以上の介護職員を含むケアワーカーたちが働いており、フィリピンから移住してきた女性たちが一定数含まれている。

そんな彼女たちやその子どもたちは、吉田すみれ園の近隣に住み、子どもは吉田中学校や、そのすぐ近くに立地する吉田小学校に通うようになる。このため、2000年代に吉田すみれ園が開業して以降、吉田中学校や吉田小学校には、フィリピンとのつながりを持つ子どもが増えていった。こういった子どもたちの多くは、フィリピンから日本への移動を経験した第1・5世代にあたる。そんな子どもたちを支えるために、吉田中学校や吉田小学校では、「日本語教室」の取り組みが始まった。

(iii) 職業学科を持つ特別支援学校の特徴

カズキくんとケイタくんが通った西第二高校は、P県の特別支援学校のうちの1校だ。P県の特別支援教育では、「障害ごとに分けるのではなく、一人ひとりのニーズを捉えながら対応することを通して、地域での教育を実現する」といった理念が採用されている。このため、P県の特別支援学校の各校では、特定の障害を持つ生徒同士が集まってというよりも、あらゆる種類の障害を持つ生徒たちが同じ学校で生活をともにしている。

そんなP県の特別支援学校(高等部)のうち、約半数は職業学科を持っており、西第二高校もそれにあたる。P県は、「障害者の就職に伴う困難を考慮し、就職を希望する生徒たちに向け、職業のための知識や技術を学ぶことのできる高等部職業学科を設置した」との趣旨を、県教育委員会のホームページで説明している。職業学科を持つ特別支援学校には、各校1学年あたり30人程度の生徒が通っている。一方、職業学科を持たない地域制の特別支援学校では、各校1学年あたり100人程度の生徒が学校生活を送っている。

P県の特別支援学校の「入学者募集要項」を参照すると、普通科に出願できるのは、指定の病院に入院している児童か、「療育手帳、身体障害者手帳を有するなど特別な支援を必要」とする児童に限られる。職業学科の場合には、これに加えて、「自主通学（公共交通機関等を使っての通学ができる者）」「身辺自立ができ、集団生活をおくることができる者」「企業就職に向けた意欲と体力を有する者」という条件を全て満たしていることが求められている。入学できるかどうかは、「職業基礎活動」「個別面接」「集団面接」「学習の振り返りについての作文」「保護者面談」の結果を踏まえて決定される。

職業学科を持つ特別支援学校には、学校によって異なるカリキュラムが用意されている。たとえば、農業、調理、被服、クリーニング、メンテナンス、印刷、情報技術、介護、地域貢献事業などを学ぶことができ、在学中や卒業時に資格を取得できる場合もある。西第二高校では、農業、メンテナンス、介護などを学ぶことができ、履修したコースに応じた資格も取得できる。そんな西第二高校に、カズキくんとケイタくんは進学した。

なお、2人は高校進学前、吉田中学校で特別支援学級（5組）に所属する。5組の担任は2人体制で、古川先生が継続して受け持っているほか、もう1人の先生が1年交代で加わっている。

(iv) 療育手帳の交付

「発達障害」を疑われる児童がP県の特別支援学校に進学するには、療育手帳が必要となる。療育手帳とは「知的障害と判定された者に対して、都道府県知事または指定都市市長が交付する」（厚生労働省 2018）ものなので、その交付のための基準は自治体ごとに定められている。

P県では、療育手帳を「P県児童福祉施設（以下、「判定機関」）において、知的障害と判定された者に対して交付する」と定めている。その判定機関での判定には、発達検査の結果が用いられることとなっている。以下では、京都市が判定のために採用している「新版K式発達検査２００１」を例にとり、検査がいかに進められるかを見ていきたい。

この検査は、「乳幼児や児童の発達の状態を、精神活動の諸側面にわたってとらえることができるように作成」されている（国立特別支援教育総合研究所 2018）。検査項目は、「姿勢・運動領域」「認知・適応領域」「言語・社会領域」の3領域で構成されており、特に、検査を受ける子どもが3歳以上の場合には、「『認知・適応』面、『言語・社会』面に、検査の重点を置いて」いるという（国立特別支援教育総合研究所 2018）。

検査後には、発達年齢換算表を用いて、全領域、ないし各領域ごとの発達年齢を算出し、さらに発達年齢と生活年齢を用いることで、発達指数を算出している（国立特別支援教育総合研究所 2018）。この検査を通して算出された発達指数が、一定の基準未満であれば、その数値に応じて、障害の区分および内容と程度が決定される。一方、発達指数が一定の基準以上であっても、一定範囲内の疑いを持てる数値であれば、「判定機関に設置する判定会議で社会適応能力が低いと認める場合はB〔障害の区分および内容〕とし、障害の内容は軽度とする」と定められている。すなわち、児童の能力以外の要素が、判定に影響を及ぼす余地が残されているのだ。さらに、この他にも「判定について必要な事項」があれば「判定機関の所長が別に定める」とされている通り、判定機関の裁量権は大きい。これはP県でも同様だ。以上のような取り決めに従って児童が療育手帳を所持できるかどうかが決定され、それにもとづき児童が特別支援教育の対象となるかどうかが決定される。

（3）フィリピンから来るということ

最後に、カズキくんとケイタくんが来日前に生活していたフィリピンという国にも目を向けたい。フィリピンがどんな国かを知ることで、フィリピンから来るという出来事を理解する手がかりにしたい。

（i）島と言語

フィリピンは日本の南西側にある国で、7000以上の島々からなる。カズキくんとケイタくんが暮らしていた町は、首都マニラのあるルソン島から海を隔て離れた島にある。たくさんの島々からなるフィリピンには主要な言語が大きく10程度あり、またその他にも少数言語が100以上もあると言われる。公用語は、英語とフィリピノ語（タガログ語）の2つと定められている。学校では、理系科目を英語、文系科目をタガログ語で教えるバイリンガル教育が実施されている。

図2　フィリピン全図

だが、貧富の差に由来する英語能力の格差は顕著で、小学3年生から学ぶ英語の理数科目の教科書を理解するのが困難な児童も少なくないという（日下 2016: 173）。また、教科書はタガログ語以外ではつくられていないが、小学1、2年生の時期には各地域でなじみのある言語で授業が行われており、少数言語で学ぶ場合もあるという（日下 2016: 173）。

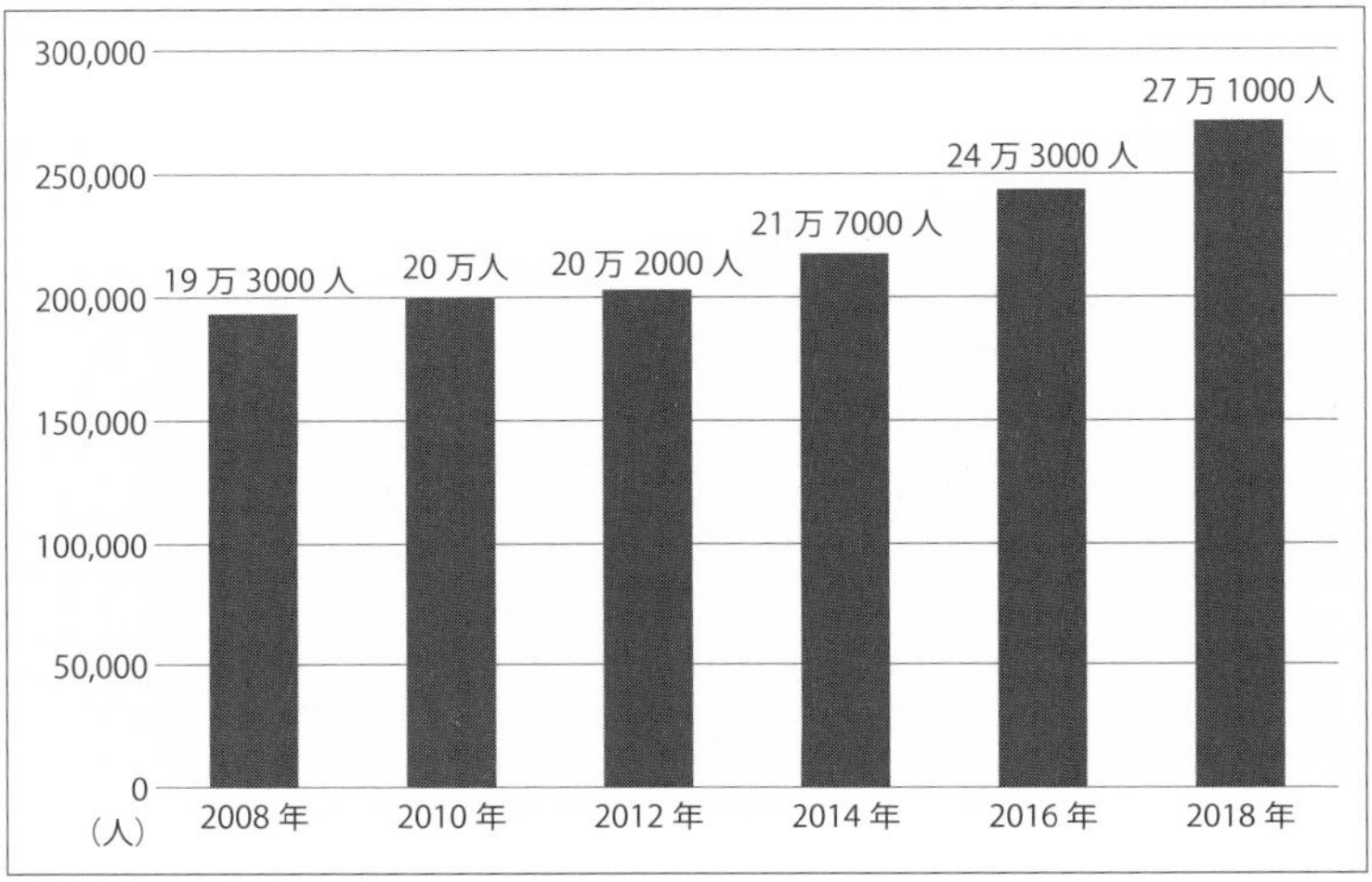

グラフ5　日本に暮らすフィリピン人は年々増えている
法務省「平成30年末現在における在留外国人人数について」をもとに作成。

（ⅱ）フィリピン人の海外就労

フィリピンを知る上で重要なのは、海外に出稼ぎに出るフィリピン人が多いことだ。２０１５年時点でフィリピン国外に住むフィリピン人は全人口の１割にのぼり、１０００万人を超えていた（細田 2016: 40）。彼らが祖国フィリピンへ送る送金額は２５８億ドル（約３兆円）で、国家予算約７兆円のフィリピン社会では彼らの存在感は色濃い（細田 2016: 40-41）。

日本ではエンターテイナーとして来日するフィリピン人女性たちが多かったことはすでに述べた。その後の２０００年代頃からは、日本人男性との間で産んだ子どもをフィリピンで育てる女性を対象に、子どもの国籍申請や母親のビザ申請、就業先のあっせんまでを扱い、日本へ送り出す日本人

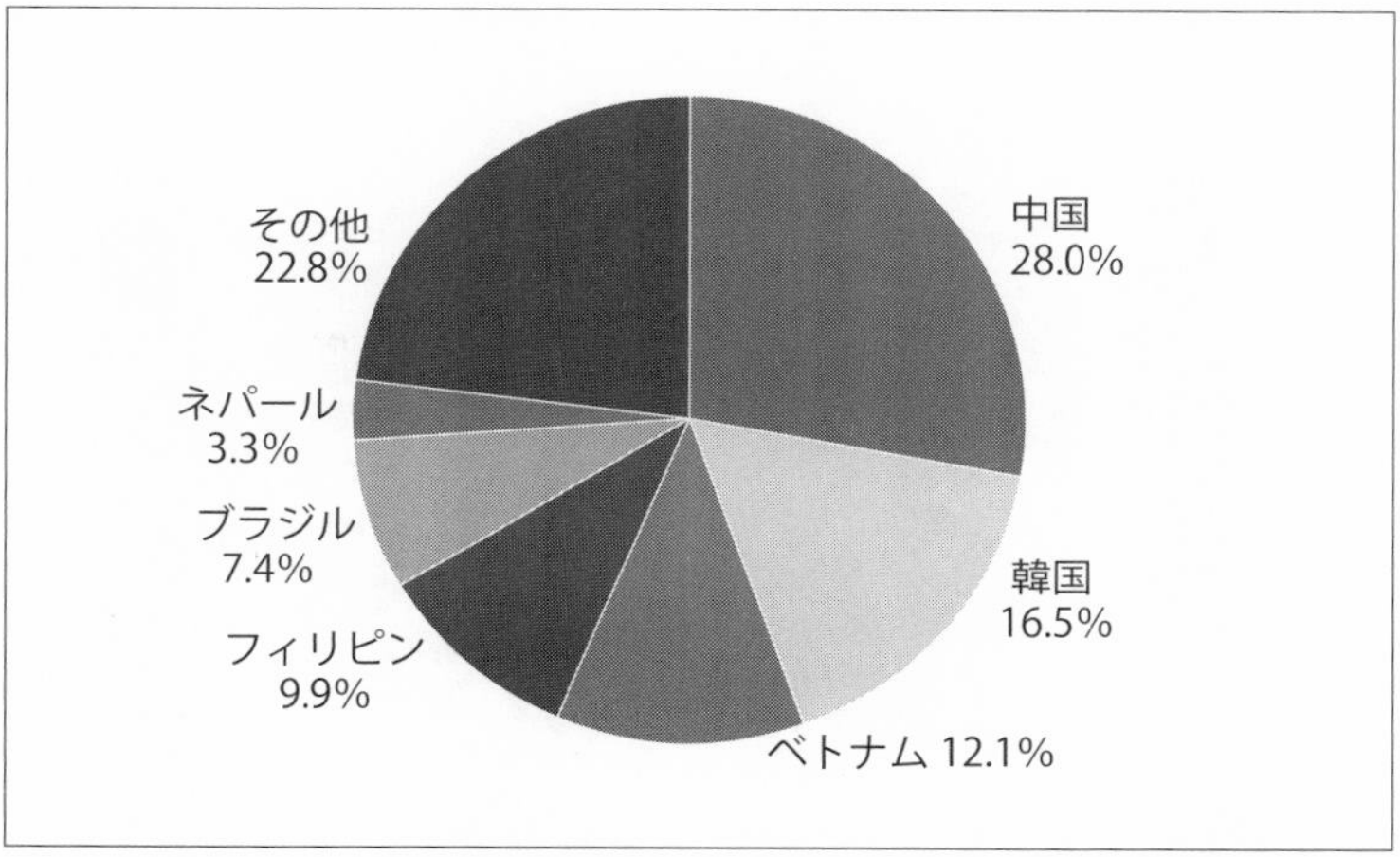

グラフ６　在留外国人のうち、フィリピン人は４番目に多い
在留外国人の構成比（2018年末）。
法務省「平成30年末現在における在留外国人人数について」をもとに作成。

経営の人材派遣業者が急増していった（永田 2016: 373）。来日した母親の多くは介護現場や食品加工工場などといった人手不足で低賃金の職を得て、就業先が用意した住宅に暮らしている（永田 2016: 373）。

現在、日本には約27万人のフィリピン人が暮らしている（２０１８年末時点）。在留外国人の約１割を占め、中国、韓国、ベトナムに次いで４番目の多さだ。

注

（１）この10人以外にも、Ｐ県内の児童福祉施設の職員に、電話でインタビューをおこなった。調査対象となった職員は、カズキくんとケイタくんが発達検査を受けた施設の、発達検査等を担う部局で、課長を務める人物だ。ただし、当該職員にはカズキくんとケイタくんと直接の面識はない。ゆえに、カズキくんやケイタくんをめぐる経験を記述するための直接のデータが得られたわけではない。その一方、当該職員は、一般に外国人児童を対象とした発達検査をいかにおこなうかについて、回答を寄せてくれた。このときの話もあわせて記述していく。

（2）このような調査の仕方を、文化人類学者のO. Lewisは「『羅生門』式手法」と呼んでいる（Lewis 1959=2003: 21）。Lewisによれば、この手法によって、その事例に対する間接的・主観的な見方だけでなく、個人個人の心理・感じ方も知ることができる（Lewis 1959=2003: 21）。さらに、それだけでなく、同一の事件を個人個人の立場から独自に説明するという点、および、それによってデータの信憑性をチェックできる点は、この手法の方法論的利点でもある（Lewis 1959=2003: 21）。また、聞き手の筆者の特権的地位を放棄する考え方（多声法 polyphony）とも通ずる。

（3）このパーティは、フィリピン人の保護者のもとで暮らす児童たちにとって馴染みを持つ機会の少ない日本の食文化にふれることを趣旨として、森先生が企画したものだ。過去にも、同様のパーティがおこなわれてきた。これまでに、蕎麦パーティ、たこ焼きパーティなどがおこなわれている。

第4章　カズキくんとケイタくんの7つの場面

これから、10人の語り手たちの話をもとに、年長のカズキくんが来日した当初から、年少のケイタくんが高校の進学先を選択するに至るまでの数年間を、7つの場面に分けて追っていく。

インタビュー・データの直接引用はそれとわかる形式にするか、〈 〉で括って示すこととした。会話の直接引用において、「――」の後に記されている発言は私のものであり、それ以外は全て語り手本人の発言。補足や注記は（ ）内に示した。

第1節　カズキくんの4つの場面

まずは、年長のカズキくんの来日から中学卒業までの3年数か月間を、（1）来日直後、（2）特別支援学級編入までの過程、（3）特別支援学級編入後の学校生活、（4）進路選択という4つの場面に分けて追っていく。この3年数か月間の記述は、次の7人の語り手たちの話をもとに構成している。なお、職業はカズキくんとかかわった当時のものであり、現在は異なる場合もある。年齢等は、インタビューをした時点のもの（のちに記述する人物のプロフィールについても同様）。

・マリアンさん
カズキくんとケイタくんの母親として、出来事の一部始終にかかわった。

１９９０年代に、エンターテイナーとして来日した。エンターテイナーとして働く中で、カズキくんとケイタくんの父親となる男性と出会い、２０００年代にはカズキくんとケイタくんを出産した。その後、一度はフィリピンに帰国するものの、２０１０年代にカズキくんと再来日し、以来、日本での生活をつづけている。カズキくんとケイタくんの父親は遠方に住んでおり、別居状態だが、婚姻関係は現在もつづいている。

マリアンさんは、現在は40歳台で、介護士として吉田すみれ園で働いている。

・**森先生**

吉田中学校と吉田小学校の日本語指導員で、カズキくんが来日した直後からかかわりを持っている。2000年代から、P県内での外国人の子どもを対象とした支援事業に加わるようになった。それ以前にも3年以上、公立学校以外の現場で日本語指導の仕事にあたった経験がある。吉田中学校では、校内の外国人の子どもを対象とした支援や「日本語教室」の運営をつづけている。現在、50歳台。

・**古川先生**

吉田中学校の特別支援学級（5組）の担任で、カズキくんを5組編入以後から中学卒業まで受け持った。吉田中学校への赴任前には、特別支援学校にも勤務した経験がある。現在、60歳台。

・**山崎先生**

吉田中学校の特別支援学級（5組）の担任で、中学3年生のカズキくんを受け持った。吉田中学校への赴任前の学校でも、特別支援学級の担任を受け持った経験がある。現在、20歳台。

・寺田先生

吉田中学校の通常学級の担任で、中学1年生のカズキくんを受け持った。吉田中学校への赴任前には、特別支援学校で勤務した経験がある。現在、30歳台。

・ハンナさん

P県教育委員会の事業で指定されている、フィリピノ語（タガログ語）の母語支援員で、カズキくんが来日した直後からかかわりを持っている。

ハンナさん自身は、１９８０年代にエンターテイナーとして日本に来日し、以来、30年以上日本で暮らしている。通訳や学校にかかわる仕事は、２０１０年代から始めた。現在、50歳台。

・小島先生

吉田中学校の運動部の顧問で、中学1、２年生のカズキくんの部活動を見守った。現在、20歳台。

（1）小学6年生、来日直後の様子

(i) 言語によるコミュニケーションの困難

フィリピンで暮らしていたカズキくんは、母親のマリアンさんとともに2010年代に来日した。マリアンさんは当時、日本国籍を持ちながらフィリピンで暮らす子どもの母親を対象にしたフィリピンの〈エージェンシー〉を介して、日本での介護士の仕事を探していた。カズキくんが対象の子どもだったため、やがてマリアンさんは吉田すみれ園で介護士として働くことに決まった。こうしてマリアンさんとカズキくんは2人で日本に渡り、P県内に暮らし始めた。

日本に移動したとき、カズキくんは小学6年生の途中の時期だった。来日当初、カズキくんはマリアンさんに、日本では〈言葉も、読むのもできんし、(フィリピンに)帰りたい帰りたい〉と伝えていたという。

この頃、カズキくんやマリアンさんの意思を学校の教員たちに伝える役割を果たしていたのは、母語支援員のハンナさんだ。2010年代から通訳の活動をつづけてきたハンナさんは、P県内の複数の小中学校に在籍するフィリピンから来日した児童たちの支援をつづけてきた。そんなハンナさんは、日本語をほとんど話すことができず、〈タガログもあんまり、話さなかった〉という当時のカズキくんのことを、〈大丈夫かなって、心配して〉いた。そんな状態で、わずか数か月もすれば中学1年生に進級するような時期を過ごしていたのだから、ハンナさんはカズキくんの置かれている状況について、〈すごい大変〉だと感じていた。

ハンナさん　最初、来たときから、もう、無口だし。どうすんの、みたいな。言葉ゼロ、何もかもゼロなのに、急に中1に入るなんて、大変だなぁと思う。

また、カズキくんはビサヤ語なら話すことができたというものの、ハンナさんがビサヤ語を話せないため、2人のコミュニケーションは容易ではなかった。ハンナさん自身、当時のその状況の中で、〈すごい困ってた〉という。

同じ頃、カズキくんの日本語指導を受け持っていたのは、日本語指導員の森先生だ。当時、森先生はすでに5年以上の間、P県で日本語指導にあたっていた。来日直後のカズキくんとも、日本語だけでなく英語も用いながら、なんとか言語でのコミュニケーションをはかろうと奮闘していたが、それは森先生にとって、困難を感じるものでもあった。

森先生　私はタガログできないから、最初はブロークンな英語であろうとなんだろうと。（授業の）コメントとかなんとかって、「日本語で書けへん」って（カズキくんが）言うと、「じゃ、英語で書いて。日本語に直すから」って。（そうしてカズキくんが書いた英語の文は、）あの、「は?」っていうような。文じゃないし。単語にしても、スペリングはできひんので、「何？　単語でいいからしゃべれ」って。そのレベル。ある程度慣れてくるとそれなりに、もうちょっとマシな英語をね、逆に日本語できちんと入ってきたら、マシな英語が出てきましたけどね。

このように、森先生から見て、来日直後のカズキくんは、〈ブロークンな英語〉でかろうじて教員たちと言語でのコミュニケーションをとることができる程度だった。さまざまな方法を試みて奮闘する森先生の努力にもかかわらず、森先生と来日直後のカズキくんとの間で言語でのコミュニケーションをとるのがいかに難しかったかが、ここからうかがえる。

このようにカズキくんは、来日当初の時期には、マリアンさん、森先生、ハンナさんの3人それぞれから、言語でのコミュニケーションに課題があると捉えられていた。

(ⅱ)「小学1年生の作文」

それから月日が経ち、カズキくんは小学校卒業を控えた時期を迎える。森先生はカズキくんに、卒業文集に載せるための作文を書くように指示した。このとき森先生は、〈ちょっと、フィリピンの小学校のこと書いて。タガログでいいから〉と言って頼んだという。森先生は、そのタガログ語で書かれた作文を日本語に訳したものを、卒業文集に載せるつもりだった。しかし、このときにカズキくんが書いた作文が、物議をかもす。

森先生　（ハンナさんではない別の）母語支援員さんが、「え!?　これ、何年生の子の文ですか？」って言うから、「小6ですよ。小6の終わりですよ」って言ったら、「え！　いつまでフィリピンにいたんですか」って言うから、「ついこないだまで、いましたよ」って話したら、そしたら、「先生、これ、小学校1年生の子の文ですよ」って。鏡文字もあるし、スペルも違うのもあるし、6年生じゃないって話とかもされてて。

ハンナさん　たしかに、私も読んでみたら、何が言いたいのかわからないし。でも、カズキくんは、ずっとフィリピンで勉強していたから。なんか、うまく自分の言いたいことが文章につながってなくて。そこから、ちょっとこの子、おかしいんじゃないのっていう話が出たんですよ。

カズキくんが書いた作文は、〈小学校1年生の子の文〉と思われるような文章だったという。このため、この作文が、教員たちがカズキくんを〈おかしいんじゃないの〉と疑うきっかけの1つとなった。

このとき森先生はカズキくんについて、言語を用いたコミュニケーションの様子と〈成育歴〉とを照らし合わせながら考えていた。マリアンさんが言うには、カズキくんの母語は、ビサヤ語でもタガログ語でもない少数言語だった。その後、カズキくんはビサヤ語圏に移動したが、その頃から、言語にまつわる困難を抱えていたという。

森先生　ビサヤ語圏に行って、先生が言ってるのも、一言もわからなかったみたいで、学校で全く動けなかった時代がしばらくつづいたらしいんですよ。で、みんなが帰ったけど、帰らずに学校に残ってたとかね、そういうこともいっぱいあって。で、怒られっぱなしだったらしいです。

このように森先生は、カズキくんが来日前から、使用する言語が変わったことによる困難を抱えていたことを認めている。その上で、マリアンさんから聞いたカズキくんの〈成育歴〉をもとに、それ以上の問題もあると考えていた。

森先生　ちょっと言葉が出るのが遅いのもあったみたいで、数学とかはできるんですけど、やっぱばかにされたりとかも、あったりしたみたいで。すごく頑固でこだわりが強くてとか、そういうところもあったりだとか、（マリアンさんが）言ってくださってて。ああ、やっぱりそうかと。やっぱりちょっと、言葉の発達というか、うまく乗れてないところもあって。まぁまぁ、多言語の部分もあるけれども、じゃあ、ずーっとやってきたタガログもね、フィリピンのどこ行ってもやってるタガログとか、英語の力にしても、もう、ちょっとひどすぎたので。それだけじゃないよねっていう。

こうして、〈言葉の発達〉と〈成育歴〉にあらわれるカズキくんの姿から森先生は、〈それ（言葉の発達の問題）だけじゃないよね〉と判断していくようになった。この判断をもとに森先生は、〈小学校のとき、（カズキくんの「発達障害」の疑いについて、マリアンさんに）何度も言った〉という。しかし、当時のマリアンさんは、〈「そんなことない」って一点張りだった〉そうだ。

（2）中学1年生、5組編入まで

（i）教員たちの判断

その数か月後、カズキくんは吉田中学校に入学した。小学生の頃から引きつづきカズキくんへの日本語指導を担当することになった森先生は、カズキくんが中学校に入学する前後の時期について、次のように振り返っている。

森先生　やっぱり、カズキくんも日本語だけの問題だけじゃないなっていうのが。小学校の受けいれも私、やっていたので、それだけの問題じゃないなっていうのを感じてました。で、小学校6年生、数か月過ごして、中学校で、もう、進路決めていかねばならないし。私としては、様子を見ながら、特別支援の方のクラスであったり、ま、クラスまでいくのか、（いかないとしても）なんらかの支援は必要だなっていうふうに、思っていたんです。で、まぁ、カズキくんが入学して、担任の先生の方（寺田先生）も、特別支援学校で働いた経験もある方だったんですね。で、すごく、熱心やし、そこらへん、冷静に判断する方だったので、「いや、そう（「発達障害」）ですよ」と。で、これからのことを考えたら。ここ（通常学級に）置いてても、あいつ伸びひんし。でも、あいつ、やっぱ、いいとこもあるし、ってことで。ちょっと2人で、お母さんともお話を重ねて。結局、この5組、特別支援学級の方に、カズキくんは、在籍を変えたんですね。

森先生は、中学校入学を控えたカズキくんに対し、中学卒業後の進路も見据えて〈なんらかの支援は必要だな〉と思っていた。しかし、このときはまだ、特別支援学級への編入の可能性はあるにしても、必ずしもつねに想定されていたわけではなかった。だが、入学後にカズキくんの担任となった寺田先生とともに判断を下し、マリアンさんとも話し合いを重ねた結果、カズキくんは5組に編入することに決まった。

このとき判断にかかわった寺田先生は、カズキくんの担任となる直前にも、フィリピンから来日した児童の担任をしていた。当時の熱心な指導の様子から、吉田中学校では寺田先生の外国人児童に対する努力に定評があった。寺田先生は、当時のことを次のように振り返る。

寺田先生 マシューくんは、中学校2年生の途中で、フィリピンからやってきました。で、日本語は全くしゃべれない。英語は、まあまあペラペラ、ぐらいの能力で、学力的には問題ない。ただ、日本語が全くしゃべれない。っていう状況で来たんですけど。その子を受けいれるときに、机と椅子の名前に、全部、英語をくっつけた。で、ちょっとだけ、タガログ語で勉強した。で、あの子と、一応、あいさつ程度はしゃべれるくらいにはしといた。っていう感じで、マシューくんとかかわる努力をした。で、他の子とのかかわりを持たせるために、名前を、他の生徒の名前も英語で読めるようにしてあげた。っていうことで、とりあえず、ひっつけるっていうことをイメージして、かかわったかなぁ。それが1年半くらいかな。卒業までずっと面倒見て、お母さんともいっぱいしゃべって、進路の決定まで。こんな言い方したらあれやけど、面倒見た。で、「どんな奴がきても、フィリピン人、(寺田先生に)任せとけば大丈夫やろ」(と言われるようになった)。

このように、以前にもフィリピンから来日した児童の生活や進学の支援に熱心にあたっていた寺田先生は、吉田中学校において、厚く信頼された存在だった。だからこそ、〈カズキくんが、新1年生で入ってくるときにも、その関係で、「とりあえず寺田先生に任せておけば心配ないだろう」っていうところで、カズキくんの担任を持つことに〉なったのだ。

では、その寺田先生自身は、カズキくんの担任となり5組への編入を手伝う中で、何を思っていたのだろうか。寺田先生は、次のように振り返る。

寺田先生　カズキくんの場合は、「発達障害」ってなってるけども、ほんまにどうかって言ったら、微妙です。ライン的には。ただ、その「発達障害」かどうかっていう、ま、教師やから診断はできひんのですけども、その可能性を考えたときに、どうしてもやっぱ、本人とちゃんとコミュニケーションがとれへんことで、ほんまに「発達障害」かどうかってとこで、すんごく悩みました。お母さんの話を聞いたり、そこらへんから、行動的にはあり得るなっていう、超グレーな状態で特別支援学級に回した経緯はあります。

森先生にとっては、〈特別支援学校で働いた経験もある〉寺田先生は、カズキくんの「発達障害」にかんして、〈「いや、そう（「発達障害」）ですよ」と〉〈冷静に判断〉していたかのように見えており、その判断は信頼に値するものだった。しかし、そんな寺田先生でも、当時はカズキくんの「発達障害」を確信してはおらず、〈超グレーな状態で特別支援学級に、回した〉のだと語っている。

それでは、なぜ、寺田先生は〈超グレーな状態で特別支援学級に、回した〉のだろうか。寺田先生は、さらに次のように振り返る。

寺田先生　日本語の上達というか、学力で考えてったら、まず、普通高校には進学できない可能性が高い。で、進学したとしても、ついていけない可能性が高い。それやったら、日本の制度の場合、特別支援学校の方が、職業的な学習ができる。っていう、先のことを考えて。あの子が卒業した後、っていうかハタチになった頃に、いま、日本でどうやって生きていくかっていうことをイメージして、えー、うーんと、「発達障害」かどうかということではなくて、特別支援学校に入れるために、特別支援学級に入れました。で、あの子が「発達障害」かどうかっていうのは、問題にしてないです。で、いま、日本の制度上、特別支援学校に入れるためには、療育手帳が必要。療育手帳が必要なので、療育手帳を持つためには、っていう順番かな。

このように、寺田先生は、カズキくんの〈ハタチになった頃〉を見据え、〈「発達障害」かどうかということではなくて〉、特別支援学校に進学するために、特別支援学級に編入させることを思いついた。あわせて、特別支援学校に進学するためには、療育手帳がいる。このため、療育手帳を取得するために、「発達障害」の可能性を検討するようになっていったのだ。

寺田先生がこのような策略を立てるようになったのは、寺田先生が直前に経験したマシューくんの進路指導を踏まえてのことでもある。寺田先生は、マシューくんの高校進学については、〈けっこう、無理やり、ごり押しで入れた〉と振り返っている。

寺田先生　マシューくんは、中学校のとき、日本語できてません。で、高校行くときに、学力あったかって言うたら、ありません。で、P県で一番、学力的にはレベルの低い高校、私立の高校で、えー、どう言ったらええんかな、まぁ、いろんな制度があって、その制度をフルに使って、お願いしますって形で、入れました。

このように、寺田先生は、フィリピンから来日して1年余りという短い期間で高校進学への準備をしていかなければならなかったマシューくんの進路をともに悩んだ経験を持つ。外国人児童が直面する高校進学をめぐる困難を知っているからこそ、寺田先生はカズキくんが〈普通高校には進学できない可能性が高い〉という現実を受けいれていた。その上で、そんなカズキくんが将来〈日本でどうやって生きていくかっていうことをイメージして〉、特別支援学校への進学がもっとも現実的で有効だと判断していたのだ。

こうして寺田先生は、カズキくんの「発達障害」の疑いを提起するようになった。ただし、寺田先生は、この一連の判断は教員たちの一方的な見方からなされたわけではないと考えている。

寺田先生　カズキくんの場合、「発達障害」やっていう方向に持ってってったって、言い方悪いけど、持ってったっていうのは、やっぱり、お母さんの悩みがあったから。これは、日本人であろうと、外国人であろうと、お母さんとかお父さん、保護者が、そのことで悩んでるんやったら、その知識をフルに活用して、教師としては対峙すべき。

このように、寺田先生は、〈お母さんの悩みがあったから〉、〈「発達障害」やっていう方向に持ってった〉というのだ。では、マリアンさんはどのような悩みを抱えていたというのだろうか。寺田先生は、次のように説明する。

寺田先生　お母さんも、その、スロー・ラーニングのことに悩んでたことと、お母さん、けっこう、同じような悩みを持ってました。中学校卒業した後に、高校行けるのかどうか。

このように寺田先生は、マリアンさんがカズキくんの〈スロー・ラーニング〉に悩むと同時に、教員たちと〈同じような悩み〉、すなわち、高校進学について心配していたと捉えている。

しかし、実はインタビューでは、マリアンさん自身がカズキくんの「発達障害」を疑うような〈悩み〉を抱えていたというような趣旨の話を、マリアンさんは全くしていない。代わりにマリアンさんが強調していた悩みは、将来、カズキくんやケイタくんが日本で仕事を得られるかについてだった。

マリアンさん　学校のことも、学校終わったら仕事できるとか、そういうこと、いつも考えてる。仕事ないと、生きてけない。

マリアンさんは、日本で仕事をするのは〈しゃべれないと、読めないと、書けないと、難しいと思う〉と考えている。だからこそ、フィリピンから日本に来た子どもたちの学校のことや、卒業後の就労について、親子で〈いつも考えてる〉のだそうだ。しかし、のちにも見るようにマリアンさんは、子どもたちの就学や就労が〈難しい〉のは「発達障害」のためだ、という悩みの存在は否定しており、むしろ日本語ができないことの歯がゆさや、「発達障害」とされたことの悔しさを語っている。

ここまで、カズキくんと日常的にかかわってきた森先生と寺田先生が特別支援学級への編入を勧めてきた流れを見てきた。ここで、さらにもう一方、受けいれ側の5組の担任、古川先生の考えを見ていく。古川先生は、吉田中学校に赴任する前には、特別支援学校に勤めたこともあり、障害を抱える児童の指導経験に富む。他方、外国人児童との経験には、痛切な〈昔の話〉もある。かつて、古川先生が勤務していた〈一般校〉には、外国人児童がいた。

古川先生（その児童は）4月に日本に来て、日本語もわからないのに、ずーっと我慢して授業を聞いてまして。で、ゴールデンウィークに入るか入らないかのときに、刃物を持って職員室に、母国語で叫びながら入ってきて。女の先生は逃げる。怖いから。で、私はちょっと、向かって行っちゃって。実は妊娠してたんですけども、職員室で、まぁ、殴られたり、腹の上乗られたりして、職員室で流産したの。出血したんやけども。そんときに、やっぱり、「やられるものが悪い」っていうことを、すごく強調されましたね。教師がね。だから、一切、謝罪もないし。日本で暮らしていくっていうのは、いろんな事情があんねんけども、やっぱり日本を知っていくだけじゃなくって、母国のことも、大事にせなあかんなっていう、昔の話があって。

このような強い痛みを伴う経験があるからこそ古川先生は、特別支援学校に勤めていた頃には、障害だけでなく〈外国人ルーツであるっていう、2つのハンディを持っている〉児童に対しては、あえて〈母国のことばっかり教える〉という実践をしてきたのだという。

外国人児童への教え方に特別な思い入れを持つ古川先生は、5組の学級内だけでなく、カズキくんとケイタくんが参加する日本語教室の放課後の学習会や校外学習にも付き添い、2人を見守りつづけていた。

そんな古川先生は、カズキくんが5組に入ることになった経緯を、次のように語る。

古川先生　カズキくんはスポーツマンだったんで、普通学級でも全然、人気者だったし、一目置かれてました。運動能力が高い。だけど、運動以外は、ぼーっと座ってるだけだ。で、声も聞いたことはない。日本語教室行ってんのに、日本語教室でも、全然、うまくならない。森先生に、こないだやったじゃないって言われても、覚えてない。で、これ、おかしいぞっていうことで、発達検査したんですけども。

このように、古川先生は、カズキくんが〈運動以外は、ぼーっと座ってるだけ〉であることや、日本語が〈全然、うまくならない〉ことを理由に、発達検査を勧めるようになったという。このときの古川先生の直感や思いは、〈日本語もわからないのに、ずーっと我慢して授業を聞いて〉いたという外国人児童とともに直面した、過去の切実なトラブルの経験にもとづいているのかもしれない。

ただし、このとき古川先生は、外国人児童に対する思いだけでなく、〈教師として〉の論理も持ち合わせていたことも、見ておく必要がある。

古川先生　もう1つは、教師ですから、その子が一般学級にいることで、そこの学級が運営できないというか、極端に言うたら、学級崩壊につながるとすれば、私はこっち（特別支援学級）に。カズキくんらは、（授業中）ただぼーっと。あんなん、我慢でも忍耐でもないし、それやったらこっちでも来さそうって。教師として、先生としてはね。だから、カズキくんの学年では、5組の生徒、0人だったんですね、入学のとき。それが、卒業のとき、5人です。ケイタくんときは、2人だったんです。でも、ケイタくんが卒業するときは6人です。だから、この増えてる分は全部、一般学級から。そんなん、一般学級置いてたら、一生学校来いひんでとか、ひ弱な子で終わっちゃうよとか。進路がないよ、進路がないっていうのは、悲しいですからね。そこは、教師としては、「発達障害」も含めの、将来像を見据えて、パッていかないと。担任はそれ、できないです。一般学級の担任は。そのへんのアドバイスはしました。あの子、こっち入れたほうがええで、ええんじゃないですかって。親にしゃべれないですよ、いきなり、普通学級の先生は。発達検査受けませんかっていうのは。

このように古川先生は、〈一般学級〉の中で対応しきれない生徒を支援学級に連れて来ることを、

〈教師として〉つづけてきた。また、〈教師として〉、〈一般学級〉のままでは〈進路がない〉と思えるような生徒を見極め、〈こっち入れたほうがええで〉と担任の先生や保護者に勧めることをしてきた。

そんな中で古川先生は、カズキくんが授業中に〈ただぼーっと〉しているような様子を見て、カズキくんにも5組への編入を勧めるようになった。古川先生にとっては、カズキくんが日本語をわからずに〈ただぼーっと〉していることだけが、問題の全てではなかったとわかる。

こういった複数の教員の引き合いの末に、カズキくんの特別支援学級への編入が決定した。この過程では、森先生がマリアンさんの話すカズキくんの〈成育歴〉を頼りに考えていたり、また寺田先生がマリアンさんの〈悩み〉を考慮して判断していたというように、あくまでも教員たちは、保護者であるマリアンさんの意向を捉えた上で、この結論を導いたと認識していることがわかる。

(ii) 保護者・教員・通訳の話し合いの場

教員たちの間でカズキくんを5組に編入させる方針が立つと、保護者であるマリアンさんとの話し合いの場が持たれた。そのときのことを、森先生は次のように振り返る。

森先生　お母さん自身は、最初は、「どうもない」とか、成育歴については何も語ってくれなかったんですけども。まぁ、ちょっと、私たちの対応を見ながら、お母さん、信頼してくださって。

小学校のとき、何度も言ったんですけど、「そんなことない」って一点張りだったのが、（中学1年生の）夏に、寺田先生と一緒に、夏休み前の懇談で話をしたら、もう、あっさりと、お母さん、受けいれて、成育歴なんかも話してくださって。で、「私も心配もしてるし、やってみましょう」と。それで必要であれば、特別支援学級の方に変わってても構わないと、お母さんの方も言ってくださって。カズキくんの方が、中1の2学期っていうか、夏休み明けから、逆交流って形で、在籍のクラスと特別支援学級を行ったり来たりしながら、ほぼ、こっちの、特別支援学級での授業をメインにしてって形に変わったんですね。

カズキくんが小学生だった頃には断固として「発達障害」とされることや特別支援学級への編入といった話題に抵抗を示していたマリアンさんだったが、カズキくんが中学1年生になった夏の懇談時には、それを〈あっさりと〉〈受けいれ〉るように変わった。では、なぜ、マリアンさんの態度は、これほどまでに変化したのか。その様子を、母語支援員のハンナさんが見ていた。ハンナさんは、特別支援学級への編入の手続きについて、森先生と寺田先生からマリアンさんに説明する際に、〈お母さんには説明しにくいなっていう話が出〉たために、タガログ語で説明する役目を依頼され、説明の場に呼ばれていた。

ハンナさん　特別支援学級に編入するために、疑われてた内容とか、全部、先生たちから説明されて。で、それ、全部、（ハンナさんがタガログ語で）お母さんに説明する。したけれども、お母さんは泣いてた。ずっとね。なんかすごい、震えてて、泣いてましたね。「自分の子どもを、こうやって、疑われてたのが、親として、つらい」とか。

このとき、特別支援学級への編入を勧める先生たちと、その提案にショックを受けるマリアンさんの間に挟まれたハンナさんは、〈通訳って、ほんまに難しいんだなって思っ〉たという。その難しさは、次の場面にも鮮明にあらわれている。

ハンナさん　（その場に）先生はいたんだけれども、よく、タガログなので、その間に、「これは言わないでね」みたいな話は、あったりする。

——お母さんが「言わないでね」っていう話は、森先生とかには伝わってないっていう。

そうそうそう。なんか、「いやだなぁ」とか。でも、やっぱり、通訳としての立場。私は通訳なので、あくまでも。どうにか、「言わないでね」っていう内容に対しては、なんちゅうのかな、「親としてつらい、いやだ」って（先生たちに）言う。やっぱりそれ、伝えないといけない、学校に。だからやっぱり、「親は、いやだ、つらい」っていうのは、伝えました。

このようにマリアンさんは、自らの子どもに「発達障害」を疑われたことにショックを受けていたという本音を、教員たちには伝えないでほしいとした上で、ハンナさんに母語で漏らしていた。しかし、このとき通訳として呼ばれていたハンナさんは、自らの役目を果たすべく、マリアンさんの希望とは裏腹に、その思いを森先生と寺田先生に伝えている。教員たちは、そういったマリアンさんの思いについて知る機会があったわけだが、そのときにマリアンさんがいかに深いショックを受けていたかについて振り返るような語りは、森先生や寺田先生からはなされていない。

マリアンさんがハンナさんに本音を話したのは、そのときばかりではない。P県が開催している、外国につながる親子に向けた進路ガイダンスに、カズキくんとマリアンさんが参加したときのことだ。カズキくんの特別支援学級への編入について、マリアンさんへの説得が進んでいなかったために、このときもマリアンさんを説得するべく、ハンナさんが呼ばれていた。その日、マリアンさんとハンナさんは、初めて2人きりで話すことができた。

ハンナさん　なんか、すごく、マリアンさんが学校（吉田中学校）に対しての思いとか、先生たちへの思い、正直に言ってくれて。「やり方、いやだ」って。私、そのときはガイダンスの内容の通訳として来てるから、そのマリアンさんとの間の会話は、誰にも絶対伝えないし。

このように、このときにマリアンさんがハンナさんに打ち明けた、学校や先生たちの〈やり方〉が〈いやだ〉という思いは、先生たちには伝えられることはなく、ハンナさんの胸の中に静かにしまわれたのだった。

さらに、ハンナさんによれば、マリアンさんは発達検査を受けること自体に、不安を感じていたという。

ハンナさん　発達検査を受けたら、そっから逃げられないことになるから。それ、そこでOKしてしまったら、お母さん、この子の将来どうなるかというのが不安で。

マリアンさんが強い抵抗を示していたため、特別支援学級に編入するのに必要な発達検査を受けるまでにも、時間がかかったのだそうだ。このような、受けてしまえば〈そっから逃げられないことになる〉発達検査について、ハンナさんは次のように考えている。

ハンナさん　全てのデータ（検査結果）、マイナスじゃないですか。もちろん、そうなるよね。だって、漢字読めない。急に日本に来て。逆に、急にフィリピンに行ってみ。読めませんってなりますよね。（点数が）上になるわけないやん。普通に、なるわけないし。じゃ、結果的に、コミュニケーションの項目、全部、マイナスに決まってるやん。じゃあ、そういうふうに持っていくしかない、学校としては。だから、マリアンさんも、先生たちの努力、そのeffortとか、全部感じてるのと、「うん、そうやなぁ、いややけど、受けます」ってなって。そうするしかないから。

このようにハンナさんは、母語支援員の立場から、発達検査を来日直後の子どもが急に受けても、検査で出る結果は〈マイナスに決まってる〉と考えている。その〈マイナスに決まってる〉検査を受けてしまえば、〈そっから逃げられないことになる〉し、学校でも〈そういうふうに（必ず特別支援学級に入れられる結果が出る発達検査に）持っていくしかない〉ことになる。

では、そんな〈逃げられない〉発達検査を受けるという覚悟をマリアンさんが決めたのは、なぜか。それは、マリアンさんが〈先生たちの努力、そのeffortとか、全部感じてる〉からに他ならない。そんなふうに、ハンナさんは捉えている。

この一連の出来事を、説得されていた側のマリアンさんは、〈めっちゃ大変でした〉と振り返っている。マリアンさんにとって大変だったのは、カズキくんへの説明だった。マリアンさんは、カズキくんから「どうして先生たちと話していたのか」と尋ねられる。マリアンさんにとっては、子どもたちは「発達障害」なのではなく〈問題ない〉のであり、日本語がなかなか覚えられないから〈めっちゃゆっくり〉になってしまうだけだ。そう考えているだけに、教員たちとの話し合いの内容をカズキくんに伝えることは、マリアンさんにとって〈大変〉なことの1つだったようだ。

(iii) 発達検査への疑問

先にも見たように、ハンナさんは、教員たちが熱心に勧め、またマリアンさんが強く拒んでいた発達検査の実施について、強い疑問を抱いている。ハンナさんによれば、最近では吉田中学校だけでなく〈いろんな学校で、そういうの（発達検査の話）が出たりする〉という。こういった状況の中でハンナさんは、〈検査してるところ、見てみたいなって〉思っている。なぜなら、こういった検査のときには、ハンナさんを含めてP県内に2人しかいないフィリピノ語（タガログ語）の母語支援員は呼ばれていないからだ。

ハンナさん　（母語支援員は）呼ばれないし、誰が行ってるのかなとか。もし、英語の通訳がついてるんであれば、それもおかしいんじゃないかなとか、いろいろ考えてて。話せない子どもが、言葉話せない、無口な子どもが、どういうふうに判断されてるのかなっていう。

このようなハンナさんの疑問に対する答えがある。P県の「判定機関」にあたる、カズキくんが検査を受けたP県内の児童福祉施設で、当該業務を担う部局の課長にあたる人物は、電話でのインタビューに応じた中で、次のように答えている。

まず、外国人児童が発達検査の対象となる場合には、P県で国際交流を担う機関に通訳の派遣を依頼するか、当該施設において英語を話せる職員に、検査への同席を依頼する場合がある。また、事前に聞き取りをする場合に用いる予診票には英語版があるほか、絵カードを用いて視覚的なコミュニケーションを促すといった取り組みもしている。しかし、そうは言っても、言語の面で配慮を必要とするケースは〈数的には、そんなにはない〉とのことだ。

なお、英語、中国語、韓国語以外の言語の話者たちがクライエントとなる場合には、施設ではなくクライエントの側が、自ら、通訳の役割を〈友達に頼む〉場合もある。というより、そうするしか、通訳の同席を可能にする手段がないそうだ。これを踏まえると、タガログ語やビサヤ語といった、カズキくんやマリアンさんがより容易に理解しうる、フィリピンで使われる言語を用いた配慮の方法は、まだ確立していないことがわかる。

そういった中でも、検査や、検査をもとにした判定自体は〈同じ基準に従って〉おこなわれているという。言葉が通じない場合が〈全くないというわけではない〉。しかし、〈できる限りのところで〉判断を下すようにしているのだそうだ。具体的には、〈親から聴き取りをして、総合的に判断〉する場合や、〈もし保護者の同意があれば、学校現場の教員たち〉からも聴き取りを実施する場合がある。

しかし、なんといっても、言語にまつわる困難を抱える児童が検査の対象となるのは〈ケースとして少ない〉ことが繰り返し強調された。

この応答は、カズキくんの事例についての説明ではなく、あくまでも、P県内の判定機関での一般的な対応として説明されたものだ。実際には、より詳細な出来事や、個別の配慮があった可能性もあるが、その内容や可能性の有無について、これ以上明らかにすることはできなかった。

すでに確認したように、発達検査は、中学生が対象となるならば「認知・適応」面、および「言語・社会」面が重視された検査結果を提出するようになっている。重要視される「言語」面を、通訳すらなく、いかに〈できる限りのところで〉判断できるのか、という点を考え始めれば、ハンナさんが提示した疑問は残りつづける。

（3）中学2年生から3年生、部活動でのカズキくん

こうしてカズキくんは「発達障害」との診断を受け、療育手帳を受け取るに至った。その後、「発達障害」を抱える児童として、特別支援学級の5組に所属するようになる。こういった状況のもう一方でカズキくんは、古川先生の勧めで、とある日本の武道をする運動部に入部し、部員として活躍するといった一面も見せていく。

そんなカズキくんの中学校生活のもう1つの側面を見守った教員たちがいる。中学1、2年生の時

期を見守ったのは小島先生だ。小島先生は当時のカズキくんについて、次のように振り返る。

小島先生　私自身は、そこまで、「発達障害」があるって思って、カズキくん自身に接していたわけではないので。もっと先輩の中には、ほんまに、あの、「発達障害」の、重いと言うとあれですけど、もっと手のかかる子もいたので。カズキくん自身に対して、そこまで、「発達障害」があって、できひん、っていうのは、私自身は思わず。普通通りの、周りの子と、同じように、本人にいろんなことで指示をしたりとか、会話をしたりだとか、っていうのは、してたと思います。

このように、小島先生自身は、カズキくんに〈「発達障害」があるって思って〉いたわけではなかったという。それ以上に、小島先生にとって、カズキくんの抱える大きな課題は、〈日本語の理解〉だった。

小島先生　教えたことを、私がこう、しゃべってることを、全部は多分、理解してないけれども、自分なりに理解しながら、この競技を、理解していったんちがうかなっていうふうには、ずっと、2年間、見ていました。

小島先生　多分、全部は伝わってないんです。トレーニングしなさいと言っても、このトレーニングは何をしているのかが、まずはわからへん。で、とりあえず周りの子たちがやってるから、やってる、っていうのは、あったと思います。なので、100のことを、10伝えようと思って、多分、本人に、多分、10じゃなくて、ほんまに、半分とかしか伝わってなくても、周りを見ながら、自分なりにやってたって感じかなと。なので、本当に、日本語の理解っていう部分が、ほんまに、しんどかったんかなとは思います。

小島先生がこう振り返るように、顧問の小島先生が日本語で伝えたことは、カズキくんにはおそらく一部しか伝わっていなかった。しかし、カズキくんは〈周りを見ながら、自分なりにやってた〉。そんなカズキくんを支えていたのは、同じ部活の部員たちだった。

小島先生　カズキくんにかんして、私は、部活動を指導してて、何かに困ったっていう記憶は、ほんまに、ちょっと日本語通じてへんのかなってていうところぐらいだけやと思います。周りの子たちも、ちゃんと、こう、理解した上で、いろんなことをサポートしようとしてましたし。カズキくんの運動能力を見て、周りの子たちは、ある意味、一目置いていた部分もあったと思いますし。

小島先生　（小島先生がカズキくんに）日本語でしゃべって、で、多分、カズキくん自身も、わからへんことは、周りにも（聞いていた）。同級生がね、多かったんです、その学年が。3人、4人、いたんですかね、同級生が。で、先輩も、ほんまに心優しい先輩で。だから、ほんまに、何言っても、許してもらえる。で、わからへんかったら、聞いても教えてもらえる。っていうので、本人自身が、私だけじゃなくて、周りの子たちにも頼れる環境ではあったのと。

その後、中学3年生になったカズキくんを部活動を通して見守っていたのは山崎先生だ。その1年間、5組の担任としてもカズキくんとかかわっていた山崎先生は、カズキくんの〈物、持ってこない〉という一面について、次のように振り返る。

山崎先生　まずね、カズキくんは、物、持ってこないんですよ。いくら説明しても、「わかった」って言って、持ってこない。で、5組の中で、その物を用意したりっていうのが、正直、あったんです。用意する物をなかなか持ってこれない状況っていうのは、かなり多くて。うん。それが、かなり、苦労しました。何回も何回も、私たち、「これは持ってくるんやんでー」って言って、書かせたりとか、言ったりとかするんですけど、なかなか持ってこないと。で、「持ってこなくてもいいや」みたいな気持ちが、なんかすごい、見えるような気がするんです。靴、ひとつにしても、鉛筆、1本にしても、なかなか、用意が十分にでけへんと。そこはすごいね、感じるところがあったんです。ただ、お母さんに言ったら、お母さんは、なんとかして持ってきてくれるんですけど。ま、カズキくんの、陽気というか、なんというかね、優しいというか、ちょっと、ひゅっと忘れてしまうところもあるとは思うんですけどね、ま、ちょっと、経済的に家も苦しいところもあるので、なかなかその、持ってこれへんっていうのがね、私たち見ててね、ちょっと心苦しかったんですけどね。

——じゃあ、必ずしも、カズキくんの忘れっぽいところだけじゃなくて、家庭的な背景もあってっていう。

その背景もあって、持ってこれないっていうのは、ある。と思います。

カズキくんは、しばしば〈持ってくるものを用意できなかった〉ものの、山崎先生は、それをカズキくんの性格や障害として見るというよりも、〈経済的に家も苦しい〉といった家庭的な背景の影響もあってのことだったと捉えている。さらに山崎先生は、カズキくんの抱える日本語にまつわる困難についても振り返っている。

山崎先生　ただね、ちょっと不器用なところもあって。うまいこと、日本語で表現できんくて、すごい、もどかしいかんじになって、「ちがいますよ、ちがいますよ」って言って、「うーん」って言って、悩みながら、この中学校生活、送ってたのかなぁって。自分の、こうしたいっていう心の内を、うまいこと、しゃべれへんかったっていうか。たとえば、フィリピンの自分の母国語やったらしゃべれるけども、なんか日本語にしたら難しいっていうので。なんか、そういうの、すごい苦労してた子なんかなぁって思ってます。

このように、山崎先生から見てカズキくんは依然として、〈日本語で表現できん〉ということによって〈苦労してた〉生徒として映っていた。

（4）中学3年生、進路選択

カズキくんが中学3年生になると、高校への進学をどうするかが重要な問題になった。その当時、中学2年生から引きつづきカズキくんの担任をつとめていた古川先生は、次のように振り返る。

古川先生　あのね、まずね、理屈抜きで、高校は卒業しよう、から始まりました。あのね、別に、働く力はあるんですけど、実際、そんな就職先、ないですから。それに、お父さんと一緒に暮らせるかわからないっていう家庭環境でありましたし、お母さんにもしものことがあったらどうなるかわからないわけですよね、あの子たち。そういう意味では、発達に支障があるということで、療育手帳ももらっているわけですから、それを活用して生きていく。

このように、カズキくん自身とは、高校卒業という目標を共有した。その上で、すでに持っている療育手帳を〈活用して生きていく〉という戦略を立てたのだった。それでは、他に選択肢はなかったのだろうか。それについて、古川先生は次のように振り返る。

古川先生　じゃ、どこにするかって言うて、カズキくんは芸術のことで、うち来てもらっていいですよって、言ってもらってましたから。普通学校の、私学ですよね。スポーツで引っ張られてたのは、普通高校なんですよ、県立高校。あと、私学、3か所から、おいでおいでって。で、それについては、2人（カズキくんとケイタくん）ともやけど、特にカズキくんは、（当初は）一般学級だったでしょ。で、一般校行ったら、またあのわけのわからない勉強をしなきゃなんないのって。だから、スポーツ（の推薦）は、もう、行きたいっていうよりも、カズキくんが切った。

このように、カズキくんは、芸術やスポーツの才能を認められ、〈普通高校〉に進学できるチャンスもあったものの、カズキくん自身が〈一般校行ったら、またあのわけのわからない勉強をしなきゃなんないの〉と思うようになったために、その道は諦めることとなった。

古川先生　西第二高校ってみんな「発達障害」だよ、とかって言ってるんだけど、そっから社会に出ていくっていう、確かなルートかなぁ、と思ってます。ただ、諦めた才能っていうのはあると思います。スポーツやめちゃったし。やめざるをえなかったし。芸術の方も、やっぱり、西第二高校行くと余裕がない。何かはどっかで、生きていく上で、諦めないかんこともある。

このように古川先生は、西第二高校への進学は〈確かなルート〉だったとしながらも、スポーツや芸術など、高校進学を機にカズキくん自身が諦めないといけないこともあったと捉えている。

この頃、カズキくんの担任を務めたのは、古川先生だけではなかった。もう1人、カズキくんの部活の顧問も務めた山崎先生がいる。

山崎先生　私としては、正直言って、進路っていうのは、特別支援学校っていうのを、考えていなくて。実は、スポーツで、推薦で、どっかの高校にっていうふうなことを考えてはいたんですけども。やはりカズキくんの、家庭的な状況であったりとか、お母さんが吉田すみれ園というところで働いているので、まぁ、それも考えて、いろいろ、ご家庭と相談の上で、西第二高校か。西第二高校にっていう話になったんです。

このように山崎先生は、当初、特別支援学校ではなく、スポーツでどこかの高校にカズキくんが進学できればと考えていた。しかし山崎先生は、高校卒業後も含めたカズキくんの将来を考えるようになる中で、〈職業学科の特別支援学校に行って、スキルを伸ばしていってほしいっていう気持ちが、最後に近づくにつれ、強くなっていった〉という。また、カズキくん自身も、〈お母さんの姿を見てる〉中で、〈これ〔介護の仕事〕を自分もやってみたいと〉言うようになっていた。こういった状況の中で、山崎先生も、カズキくんが特別支援学校に進学するのをサポートするようになった。しかし、山崎先生にとっては、カズキくんがスポーツでの進学を諦めたことにかんしては、〈正直、やっぱり、悔しいところもあった〉という。

では、山崎先生は、カズキくんがスポーツで他の高校に進学するとした場合のことを、どのように考えていたのだろうか。山崎先生は、次のように語る。

山崎先生　同じ部活動でも、特別支援学級、特別支援学校には行ってないけどね、グレーゾーンみたいな子がね、何人かいたんです。

――5組には入ってないけど？

入ってない、入ってない。で、そういう子とかが、入って、のびのびやっていけてる学校が、ま、私の目からしたらね。日常は、ちゃんと、全部は見てたかって言うたら、そうじゃないんですけどね。そう思われる学校が、私も心当たりがあったんでね。そこはどうかーっていう話はしてたんですけども。で、やっぱ、本人としても、あんま、乗り気じゃないと。

山崎先生は、〈のびのびやっていける学校〉でカズキくんは高校生活を営んでいけると思い、そういった学校をカズキくんに勧めていたという。しかし、カズキくん自身が、スポーツの評価によってそういった学校に進学することに〈乗り気じゃな〉かった。それは、なぜか。

山崎先生　本人はもう、なかなかその、勉強についていけへんっていうのが、根本にはあると。で、いまから、5組の授業を全部取り払って、普通学級と同じようにするっていうのは、なかなか、まぁ、難しいと。

カズキくんはこれまで特別支援学級でサポートを受ける環境に馴染んできたために、突然、〈普通学級と同じようにする〉ということには、抵抗があったのだという。これは、古川先生も同様に語ってい

郵便はがき

料金受取人払郵便

神田局
承認

6430

差出有効期間
2022年12月
31日まで

切手を貼らずに
お出し下さい。

101-8796

5 3 7

【受 取 人】

東京都千代田区外神田6-9-5

株式会社 **明石書店** 読者通信係 行

お買い上げ、ありがとうございました。
今後の出版物の参考といたしたく、ご記入、ご投函いただければ幸いに存じます。

ふりがな お 名 前	年齢	性別

ご 住 所 〒 -

TEL ( ) FAX ( )

メールアドレス	ご職業（または学校名）

*図書目録のご希望 □ある □ない	*ジャンル別などのご案内（不定期）のご希望 □ある：ジャンル（ ） □ない

書籍のタイトル

◆本書を何でお知りになりましたか？
□新聞・雑誌の広告…掲載紙誌名[ ]
□書評・紹介記事……掲載紙誌名[ ]
□店頭で □知人のすすめ □弊社からの案内 □弊社ホームページ
□ネット書店 [ ] □その他[ ]

◆本書についてのご意見・ご感想
■定　価 □安い（満足） □ほどほど □高い（不満）
■カバーデザイン □良い □ふつう □悪い・ふさわしくない
■内　容 □良い □ふつう □期待はずれ
■その他お気づきの点、ご質問、ご感想など、ご自由にお書き下さい。

◆本書をお買い上げの書店
[市・区・町・村 書店 店]

◆今後どのような書籍をお望みですか？
今関心をお持ちのテーマ・人・ジャンル、また翻訳希望の本など、何でもお書き下さい。

◆ご購読紙 (1)朝日 (2)読売 (3)毎日 (4)日経 (5)その他[新聞]
◆定期ご購読の雑誌 [ ]

ご協力ありがとうございました。

ご意見などを弊社ホームページなどでご紹介させていただくことがあります。 □諾 □否

◆ご 注 文 書◆ このハガキで弊社刊行物をご注文いただけます。
□ご指定の書店でお受取り……下欄に書店名と所在地域、わかれば電話番号をご記入下さい。
□代金引換郵便にてお受取り…送料+手数料として500円かかります（表記ご住所宛のみ）。

書名	冊
書名	冊

ご指定の書店・支店名

書店の所在地域
都・道 府・県 市・区 町・村

書店の電話番号 （ ）

たことだ。結局、カズキくんは、スポーツや芸術の才能を活かして特別支援学校ではない進学先を検討することもできたが、高校卒業後を見据えた5組の教員たちの判断と、いまさら〈普通学級〉で勉強していくのは難しいという自らの実感から、西第二高校への進学を検討するようになったのだった。

山崎先生は、そんな当時のことを振り返りながら、カズキくんが特別支援学校に進学したことについて、〈必死に考えた結果なので〉〈いい〉との考えを示した。

山崎先生 それはね、私はね、いいと思います。私らは、正直な話で、3年間しか見れないわけですし。次の進路であったりだとかまでは、なんとか保証したいなとは思ってるんですけど。その後の、就職とかになってきたら、なんとも言えないですね。だから、やっぱり、その中で、本人がやっぱりね、(違う進路で)やりたいって言えば、私は、もう、やらせますけども、本人が、自ら望んで、行くっていうのであれば、それはもう、しょうがないかなぁって思います。で、家庭的な問題であったりとか、文化の違いであったりだとか、いろんなね、要因があるとは思うんですけども。それが、やっぱ、進路にかなり関係してくるんかなぁと思います。カズキくんたちは母子家庭みたいなもん。で、経済的にもかなり不安定。っていうのは、やっぱり、そこが、ちょっとねってところはあります。そこでね、勉強して頑張れって言われても、基礎学力がダメやし。いまから、アメリカ行って、ドイツ行って、勉強しって言っても、私たちでも、それ厳しいなっていうのがありますし。そういう状態に、カズキくんたち、置かれて、その中で必死に考えた結果なので。それはもう、ね。

このように、山崎先生は、〈経済的にもかなり不安定〉なことを含めた〈家庭的な問題〉や、〈文化の違い〉などの〈いろんな要因〉に直面する中で、〈必死に考えた結果〉として特別支援学校に進学することを決めたことは、〈いい〉と、肯定的に捉えている。

他方、当時、すでに吉田中学校を離れていたものの、中学2年生までのカズキくんを部活動で見守っていた小島先生は、カズキくんが特別支援学級に所属していたからこその困難があったのではないかとの見方を示した。その困難とは、〈成績の付け方〉にある。

小島先生　多分その、普通学級で勉強してる内容、5教科、9教科、普通に勉強しますけども、特別支援学級には特別支援学級で合った学習の方法というか、指導もあると思うので。高校受験ってなると、やっぱ、受験なので。厳しいっていう部分があったと思います。カズキくんがいる数年前には、同じように、特別支援学級にいて同じスポーツやってた子が、ま、高校受験をする際に、特別支援学級から、普通学級に転籍した。で、受験っていう形やった子もいたんで。その点、3年生になっても特別支援学級にいるっていうのは、なかなか、普通の公立学校を受験するっていうのは、やっぱ難しいんかなって、私は思っていました。

このように、実はカズキくんが〈普通の公立学校を受験する〉こと自体、中学3年生で5組に所属していたという時点で阻まれていたのではないかという見方を、小島先生は示している。ここまでに見てきたように、特別支援学級で過ごした時間は、あらゆる面で、カズキくんの進路の選択に大きな影響を与えていたのだった。

それでは、この時期、カズキくんやマリアンさんはどう思っていたのだろうか。マリアンさんによれば、当初、カズキくんには、〈普通の学校〉に行きたいという気持ちがあったのだという。

マリアンさん　まあ、どうも、子どもたちね、行きたいんだけど、別の学校行きたいけど、まあ、自分で、「日本の普通の学校に行っちゃ、難しい」って言ってたんですよ。「そんな感じでは、勉強できないなー」と。2人（カズキくんとケイタくん）ともが、そう話したんですよ。……2人とも諦めたとき、二度と話にならない。もう、2人とも、わかってるし。自分自身は、普通の学校に行かないとか、行けないとか、もうわかってるし。

2人は、〈普通の学校〉に行きたいという気持ちがありながらも、それを諦め、もう二度と口にしなくなったのだという。そんな2人だが、もし、これが母国フィリピンであれば、〈普通の学校〉に行けたはずだと、マリアンさんは考えている。

マリアンさん　普通だったら、フィリピンで、普通の学校、大丈夫ですけど。日本で、めっちゃ難しいじゃないですか。言葉も、読むとか、書くとか、なかなか覚えられなくて。

このように、言語の壁がある日本では、〈普通の学校〉で勉強していくのは難しいと、マリアンさんは考えている。マリアンさんもフィリピンから日本に移り住んできた経験があるだけに、〈子どもたちの気持ち、わかるんですよ〉、〈わかる。見たら、なんか、泣きそうな感じ〉と、自らの気持ちを語っている。

カズキくん、マリアンさん親子は〈普通の学校〉への進学を諦め、〈めっちゃ悔しい〉思いをかみ殺していた。その頃、カズキくんやマリアンさんを支えた人物は、カズキくんの父親だった。父親はカズキくんやマリアンさんとは別居しているが、年に数回、休暇のときなどにP県を訪ねている。その際に父親は、特別支援学校についてカズキくんたちに日本語で説明し、サポートしてくれていたという。

マリアンさん　私、あんまりわかんないんですよ。（学校の）種類とか、全然わかんないので。で、

（学校についての）紙、見せました。ふふふ。「お父さん、これ、何？」「で、これ、子どもたち何したらあかん？」。「あ、これ大丈夫よー」って、お父さんが子どもたちに説明するんですよ。「子どもたちが悪いんじゃないから。言葉とか、あんまりわかんないから、その学校入ったんですよ」って、言ってます。で、（子どもたちは）そんな悪い気はしないですよ。子どもたちは、大きくなってから日本に来たでしょ。そんな、しゃべるのとか、読むとか書くとか、できない。で、子どもたちも、一生懸命ね、説明聞いてるんですよ。大変だったけど、お父さんいて、よかったと思います。

このように、カズキくんやマリアンさんは、父親にも支えられながら、特別支援学校への進学を検討していった。

だが、マリアンさんによれば、父親は、カズキくんやケイタくんが発達検査を受け、「発達障害」と診断された当初には、〈なんで検査したんや〉と言い、〈めっちゃ怒った〉という。その経験の裏づけとなる出来事もあった。吉田中学校の先生たちがカズキくんの志望校に特別支援学校を想定していた頃、突然、カズキくんが〈特別支援学校ではない普通の学校に行きたい〉と言い出したことがあった。森先生の聞くところによれば、〈お父さんに特別支援学校に行くなと言われた〉と、カズキくんは言ったのだそうだ。

だがその後、カズキくんの父親の気持ちにも変化が見られるようになっていった。当初は特別支援学校への進学に猛反対していたという父親が、それに納得するようになり、積極的にサポートまでするようになったのはなぜなのか。その理由は、古川先生が知っている。

古川先生　とにかく本人よりも、親との関係は大事にしました。お母さんがわからないと、子どもに、西第二高校頑張ろうねの言葉もかけられないので。お母さんとはかなり話し込みーの、お父さんがP県に来るって言ったときに、無理矢理、会いーの。で、どうしたら（お父さんに）我が子を一番わかってもらえるかっていうので、友達を連れて行った。5組の。決して、「発達障害」のある子だからといって、見た目ではわからへんし、生きる力のある子ばっかり同級生にいるから心配いらないよっていうことでお父さんと話した。

古川先生は、カズキくんの高校進学について考えるためにも、両親との信頼関係を〈大事〉にしようと考えていた。そして、特別支援教育の場を父親にわかってもらうためにも、2人のクラスメートにあたる5組の生徒たちを交えての食事会を開いた。このときの食事会で撮影された写真を見せてもらうと、そこにうつるカズキくんの父親は満面の笑顔だった。こういった時間を共有していく中で父親は、自らの子どもが「発達障害」と診断されたことへの抵抗感を減らし、子どもが特別支援学校に進学することをサポートする姿勢へと転換していったとみられる。

こうして父親からも応援されるようになったカズキくんは、西第二高校を志望校とすることを決めた。しかし、実は森先生には〈本当に西第二高校でいいの？　もったいない〉と思う気持ちもあったという。カズキくんは芸術やスポーツなどのさまざまな才能に秀でていると思っていたからだ。だからこそ、森先生はカズキくんと特別支援学校以外の高校のオープンキャンパスに行ってみたりもした。その高校でカズキくんが得意なことに打ち込むこともできるかもしれないと思ったからだ。しかし最終的には、西第二高校を選んだカズキくんの気持ちを尊重した形となった。

日本語指導を受け持つのみの森先生にとって、進路指導は〈私、1人ではできない〉ものだった。だからこそ、古川先生、山崎先生、そして寺田先生といった、〈複数の教員たちの連携〉の中でやっていく必要があった。そんな森先生に対し、寺田先生は〈(西第二高校で) いいですよ。カズキくん、仕事で芸術はできひん〉と言った。古川先生も西第二高校を勧めていた。森先生にとっては、こういった〈複数の教員たちの連携〉の中で、他の教員たちの考えとカズキくん本人の気持ちを尊重した結果として選ばれたのが、西第二高校への進学だったのだ。

西第二高校への進学を検討する中では、母語支援員のハンナさんが果たした役割も大きい。ハンナさんは、教員がマリアンさんを説得する場に同席したほか、カズキくんやマリアンさんが西第二高校の説明会や面接に参加する際に、通訳として同行していた。そんな中で、ハンナさんはわだかまりを感じることもあった。

ハンナさん　（本人たちが）悩んでも悩んでも、やっぱり学校がこういうふうに進めていく上で、他のオプションがあっても、ちょっとやっぱり難しいよね。

――中学校の先生たちの進めたい方向みたいな。

うん。本人が決めるって言われても、ちょっと、ここだけの話なんですけど、「これは、ここしかない」っていう方向が。正直、感じました。

このようにハンナさんは、学校の教員たちの強い力を感じつつも、教員の方針をマリアンさんに伝えつづけていた。そんな立場にあったハンナさんは、やがて、カズキくんの進路が西第二高校に確定した後、ある日偶然、マリアンさんと再会することとなる。そのときのことを、ハンナさんは忘れられずにいる。

ハンナさん　お母さんは、（進路が）決まった後、ある日、偶然、会ったんだけど。「いまはね、後悔はしてないんだけど、でも、あの日がなかったら、たぶん、もうちょっと自分の子どもが、夢に向かって行ってたんじゃないかな」みたいな、責められたみたいな。

――あの日がなかったら？

なんか、私が説得したあの日がなかったらって。私が行く前は、別の方に（通訳を）頼んでいたらしくて。私が説得してたから、OKした、っていう話を、お母さんから（言われた）。「もし、あの日、別の人が言ってたら、私、いややって言ってた」って。でも、それも、私、自分たちの人生に大きくかかわ……、なんか、なんやろね、もうちょっと時間があったら、詳しく聞きたかったんだけど。なんか、そやね、お母さん、ちょっと涙目になって、結局、上の息子も、下の息子も、abnormalとされて。でも、私から、もう、ごめんなさいとも言えないし。

このように、ハンナさんは、自らがマリアンさんを説得した日のことを、マリアンさんから〈責められたみたい〉に言われたと感じている。このハンナさんの経験からは、マリアンさんがカズキくんの進路の決定後も、その結果に納得しきれない気持ちを持っていたことがうかがえる。こういった経験から、ハンナさんは、次のようにも話している。

ハンナさん　やっぱり、普通のクラスにいたときよりも、（特別支援学級に入ってからの方が）うきうきしてるっていう子もいるんやけども。でも、やっぱり、あの、それって何年後、カズキくんのお母さんみたいに、こう、どっかで偶然、会ったときに、「あのときは、なんか」って言われると、なんやろねって。やっぱり、もっといるでしょうね。こう、他にオプションがないから。

〈他にオプションがないから〉、特別支援学級に入ることに一度は承諾することがあるにしても、そのことに納得しきれず、後から本音を言われることがある。そのことに、ハンナさん自身もわだかまりを感じている。

第2節　ケイタくんの3つの場面

カズキくんが西第二高校に進学したのち、同じ選択をしたのは弟のケイタくんだ。カズキくんにつづいて来日したケイタくんが中学校を卒業するまでの2年数か月間も、つねに揺れ動いていた。ここからは、ケイタくんの（1）来日直後の様子と特別支援学級編入の過程、（2）特別支援学級編入以後の学校生活、（3）進路選択、という3つの場面を追いかけていく。

ここからは、カズキくんの小中学校時代について話してくれた大人たちに加え、3人の教員を語り手に迎えている。

・原田先生

吉田中学校の副教科の教員で、中学3年生のケイタくんが履修する副教科の授業を受け持った。吉田中学校への赴任前には、教育委員会で5年程度の勤務をした経験を持つ。現在、50歳台。

・今井先生

吉田中学校の運動部の顧問で、中学1、2年生のケイタくんを見守った。吉田中学校への赴任前には、特別支援学校での勤務した経験がある。現在、30歳台。

・大塚先生

吉田中学校の特別支援学級（5組）の担任で、中学3年生のケイタくんを受け持ったほか、運動部の顧問としてもケイタくんを見守った。吉田中学校への赴任前にも、特別支援学級の担任を受け持った経験がある。現在、30歳台。

（1）中学1年生、来日直後の様子と5組編入

カズキくんとマリアンさんが日本へ渡った当時、その一方でケイタくんはフィリピンに残り、祖父とともに暮らしていた。その後、祖父が亡くなったのを契機に、ケイタくんも来日することになった。

そのとき、ケイタくんは中学1年生の途中の時期だった。

マリアンさんは、当時のケイタくんの様子を振り返り、フィリピンに〈帰りたい帰りたい〉と言っていたカズキくんとは対照的だったと話している。

マリアンさん　なんか、（フィリピンに）帰りたいとか、ないんですね。もう、「日本楽しい」って言ってたんですけど。「日本語、どうですか？」「うん、まあまあまあ」。ふふふ。

ケイタくんがフィリピンに帰りたがることもなく、〈日本楽しい〉と言っていたことから、マリアンさんは、ケイタくんには〈あんまり心配ない〉と思っていた。しかし、それでもなおマリアンさんは、〈いちばん心配なのは言葉〉だと考えていた。

マリアンさん　（ケイタくんが）日本に来たとき、「寒い」とか（の言葉が）、まだわからないんですよ。「寒いですか」「寒くないですよ」。でも、寒いんですよ。ふふふ。そういう感じ。そう、（日本語がわからない期間が）めっちゃ長いんですよ。やっとわかったね、寒い、寒くない。

このようにマリアンさんは、ケイタくんが日本語の意味をわからず、自分の意志を伝えられなかった時期が長かったと捉えている。

一方、一部の教員たちは、ケイタくんの課題は日本語にまつわるものに限らなかったと捉えていた。森先生は、次のように振り返る。

森先生　ケイタくんは、小学1年生か小学校入る前くらいに、ビサヤ語圏に移って。（カズキくんが馴染んでいたという）〇〇語（フィリピン国内で使用されることのある少数言語）はもう、全然わからないらしいんです。だから、はっきり言ったら、もう、ビサヤになってるんだけど。まぁ、ビサヤ語を話せる日本語教室の同級生はいろいろ、気がつける人だったので、ケイタくんにいっぱい話しかけたり、いろいろやってくれたんですけど、全く反応がない。何語であっても全く反応がなくって、ずーっと一点を見つめてるような感じ。しばらくね、タガログにも全く反応しなかったし。だから、何語でやっても、反応がなかったですね。

このように、森先生から見るケイタくんは、〈何語であっても全く反応がな〉い生徒だった。さらに、森先生は、ケイタくんとのコミュニケーションの経験を、次のようにも振り返っている。

森先生　一応、（学校の）テストは受けなきゃいけないので、わーっと説明して、で、「こういう質問です」って言って、「ここに答えを書いてください」って。「先生、ここに書きますか」って言うから、「はい」って。「ここに答えを書いてください」って言ったら、「こたえ」ってひらがなで書きました。あら、やっぱりねって。とか、説明して、「先生、書きますか」って言うから、「書きます」って言ったら、オウム返しでそれを書くっていう。だから、もう、典型だなっていう。何語でやってもね。日本語の問題で、母語支援員さんに頼って、タガログで説明してもらったら、タガログでそのまま書くっていう。で、まぁ、早く行かせないといけないなって言って。そういう人でした。真面目でした、でもね。

このように森先生は、ケイタくんが日本語やタガログ語での指示の真意を解釈できない様子なども踏まえて、これを「発達障害」の〈典型〉的な症候だと判断していたのだった。さらに、森先生によれば、マリアンさんは〈3歳まで全く言葉が出なかった〉というようなケイタくんの〈成育歴〉を森先生に打ち明けていたという。そういった〈成育歴〉は、発達検査の際にも医師と共有され、診断の手掛かりとされていたという。

森先生　きちんとした言葉を話せないとか、理解力が弱いとか。で、あ、駄目なんだなっていうことも、お母さんが、わかっていた。だから、本当に勉強も出来なかったし、出来ない子、出来ない子って、学校ではすごく言われてた。で、「それだけじゃないんです」って。「なんて言ったらいいかわからないけど、先生、違うんです。普通の子と違うんです、ケイタくんは」っていうことを、お母さんの方から、訴えられていました。それで、「何が違うかっていうのは、私の方も説明できないんだけども、いわゆる、普通、ノーマルじゃないんです」。

――って、お母さんが言ってきた。

うん、お母さんの方から、ありました。で、フィリピンから（ケイタくんが）来て、はいはいって。お母さんから聞いてたんで。で、手続きを踏まねばならなかったので。

このように、「ケイタくんは〈ノーマルじゃない〉」というマリアンさんの訴えを踏まえ、ケイタくんが「発達障害」の診断を受けるための手続きが進められていったのだという。

森先生　発達の相談のセンターがあって。で、早いとこ、（学級の）籍が変われるようにとか、正式に、逆交流でこっちに落ち着いて勉強ができるようにしてほしかったんで、そこで発達検査を受けてもらった。で、もう、そこで、「言語の影響もありますからね」って（結果とともに示された）。で、みんなで、「だから、言語の問題もあるだろうけど、その問題じゃないです！」っていう話をして。で、「親御さんからの成育認識からしても、来年から別に、特別支援学級の方に行っていいよ」っていう形だったので、ええと、療育手帳等々を取るために、また、その後、○○（判定機関）の発達検査も受けてもらいました。で、まぁ、自閉の部分あるなっていうふうに、言われたのかな、ケイタくん。[1] あと、生活年齢とかの、見て、何かを真似したりとかは、上手なんですけど。やっぱり、推測するとかね、そういう部分だとかが弱くって。「ま、言葉の部分とかは、日本語に慣れてないから、なんとも言えませんけどー」とか言って。「でも、それだけじゃないんだろうなって、なんとなく感じましたけど」っていうふうには、言われましたけどね。で、お母さんの方も、「あ、もうもう、わかってます」って感じでしたね。「ケイタくんのはわかってます」って感じで。

このようにケイタくんは、マリアンさんの訴えと森先生の判断にもとづき、発達検査を受けることとなった。発達検査を受けた段階では、判定機関から〈言語の影響もありますからね〉と注意を促されることもあったが、それを受け教員たちは〈みんなで〉〈その問題じゃないです！〉と反発したという。こうして、マリアンさんの〈成育認識〉も踏まえた上で、特別支援学級の所属が認められるようになったのだった。

このとき、マリアンさんは、〈わかってます、って感じで〉、落ち着いた様子だったと、森先生は振り返っている。しかし、それとは異なる見方をしていたのは、古川先生だった。

古川先生　（マリアンさんは）日本で（ケイタくんの）発達検査をしたときは、ショック。ショックをかなり。「こんなに（点数が）低いとは思わなかった」っていう。で、低いっていうのは何かっていうと、手かからない、しゃべらないから、ケイタくんは特にしゃべらないから、育てるのに楽。迷惑かからないから楽っていうもんだったんだろうなっていうふうには思います。

ケイタくんの発達検査のとき、森先生によれば落ち着いた対応だったというマリアンさんは、古川先生の話の中では〈ショックをかなり〉受けた様子だったと記憶されている。それでは、当時について、マリアンさん本人は、どのように話しているだろうか。

マリアンさんによれば、ケイタくんが検査を受けることになったきっかけは、マリアンさんから見て〈シャイっぽい〉〈おとなしい〉というケイタくんの性格を、あくまでも教員たちが〈ちょっと心配してる〉からだった。

マリアンさん　検査があって、テストがあるんですよ。そしたら、みんなで、ちょっと心配して。1回、脳の検査あるんですよ。ＭＲＩとか。でも、その結果は、問題ないんですよ。やはり、本人が、ゆっくりで、このdevelopment。ただ、その後は、もう、先生たちわかってるし。

――じゃあ、テストとか検査を受けて、で、病院に行ってみようってなったけど、脳の検査は大丈夫だった。

問題・・・・・ないんですよ。

マリアンさんは、ケイタくんが受けた検査の結果は〈問題ない〉ものだったと捉えていた。このようにマリアンさんは、ケイタくんが〈問題ない〉ということを、インタビューで繰り返し訴えていた。しかし、森先生によれば、MRI検査は、発達検査のためのものではなかった。発達検査の際に、ケイタくんが頭痛を訴えたために、「もしも脳に腫瘍などがあったら」という可能性を考え、病院でMRI検査を受けることとなったのだという。こういった複数の検査の内容や目的を、マリアンさんは全て把握できていなかった可能性もある。

マリアンさんですら、知り尽くしていなかった検査の内容や目的を、ケイタくん自身はどのように捉えていたのだろうか。マリアンさんは、次のように振り返る。

マリアンさん　そのときね、めっちゃつらかったの、本人（ケイタくん）が。なんかその、（自分が）悪い病気だと思ったんですよ。

――病院に行ったから。

そうそう。で、私ね、説明して。そんなことないよ、悪いじゃないですよ。（ケイタくんは）その説明がわからないんですよ。めっちゃ泣いてたね、私。つらかった。

当時、ケイタくんは、病院を含むさまざまな場所で検査を受け、自分を〈悪い病気だと思〉い、心配していた。その思いをマリアンさんに打ち明けるものの、マリアンさんの説明は、ケイタくんにとっては簡単に理解できるものではなかった。このとき、説明している側のマリアンさんは、泣くほどにつらい思いを抱えていた。

当時は自らの検査の内容や目的はもちろん、自らが「発達障害」と診断されていることについても理解していなかったと見られるケイタくんだが、その3年後には、西第二高校に入学することになる。マリアンさんは、高校入学以後のケイタくんを見守る中で、「西第二高校は〈障害者ばっかり〉だから、いまは〈だいぶもう、（自分の「発達障害」について）わかってると思います〉」と語っている。

他方、当時の一部始終に直接は関与していなかったものの、この状況に視線を送っていたのが、母語支援員のハンナさんだった。ハンナさんは、次のように振り返っている。

ハンナさん　（カズキくんの）次、ケイタくんが来るって決まったじゃないですか。あれ、びっくりして。ケイタくんが来たときに、そのとき、あの、私もいろんな学校に呼ばれていて、（ケイタくんを）担当してたのが、もう1人の先生（母語支援員）。で、またその先生と情報交換をしたりするけど、「また特別支援学級の話が出ているよ」と。結局、きょうだいで。

このように、ハンナさんは、カズキくんにつづいてケイタくんも特別支援学級に編入することになったという話を、別の母語支援員から伝えられ、ひどく驚いたという。事情を知っていたハンナさんは、後日、偶然にもマリアンさんと会うことになる。

ハンナさん　教会で会ったりするんですよ、偶然。で、お母さん（マリアンさん）とも話してて。やっぱりまた、「もう1人子ども（ケイタくん）いるんだけど、こんな結果になってしまったのが、なんで、なんでやろなー」って。すごい、不思議。たしかに、さっきも言ったように、「先生たちのeffort、努力に、感謝はするけど、でも、なんでなんやろな」って、言ってました。

ハンナさんの話によればマリアンさんは、カズキくんにつづきケイタくんも「発達障害」と診断され、特別支援学級に編入することになった理由を、はっきりとわからないままでいた。そして、学校の教員たちの努力を認めつつも、わだかまりを感じつづけていた。しかし、先に見た教員たちの語りの中には、そういったマリアンさんの思いへの気づきはあらわれていない。

(2) 中学1年生から3年生、部活動などでのケイタくん

こうして、「発達障害」の診断を下されることとなったケイタくんだったが、実は吉田中学校の教員たちの中には、ケイタくんを「発達障害の傾向がある」というふうには見ていない教員たちもいた。部活や副教科でケイタくんを見守る教員たちだ。

(i) 部活動でのケイタくん

ケイタくんは中学3年間を通して、運動部に所属していた。その運動部の顧問をしていたのが、今井先生と大塚先生だ。中学1、2年生の期間を見守ったのは今井先生だった。特別支援学校での勤務経験が1年以上あるという今井先生は、〈「発達障害」の子〉も含め、〈基本、〈障害を持つ〉生徒とずっとかかわっている状況〉〈多岐にわたる生徒と、対応する〉という経験を積んできた。

そんな経験も持つ今井先生は、ケイタくんの学校生活をどのようにとらえていたのだろうか。今井先生は、ケイタくんが〈寝坊〉して練習に遅刻したことや、嘘をついて練習を休んだことがあったと振り返る一方で、ケイタくんが〈場の空気を読む〉ことで部活動に適応していたと話す。

今井先生　あの子、そういう意味では、場の空気読むというか、周りを聞いて、察知して動くの、

すごい得意というか。そういうの、すごい優れていたと思うんで、メニューを明らかにかけ離れて、あかん、違うってことはないんですけど。ただ、理解をして、そのメニューをしてたかっていうと、ちょっとあやしかったかなと思います。だから、なかなか、先頭、1番目をやるのが、一番理解してなあかんですけど、その1番目の先頭をできたのが、けっこう、最後のほうやったかなあっていう感じで。もっと早くからそれ出来たら、あの子、もっと伸びたかなぁっていう感じしますね。

このようにケイタくんは、日本語が理解できずに練習についていけないという、有り得る困難を、〈場の空気を読む〉ことで乗り切っていた。そんなケイタくんのことを、今井先生は、「発達障害」を抱えているような〈感じはしなかった〉と振り返っている。

今井先生　部活やってるところでは、特にそんな（「発達障害」という）感じは、しなかったですね。で、メニューの理解にかんしても、もう、この子より理解できてへん子もいたので、そういう意味では、この子けっこう、理解したんちゃうかなぁと思いますけど。

このように今井先生は、ケイタくんは部活動の練習メニューを〈けっこう、理解したんちゃうかなぁ〉と感じていた。また、先に見たように、ケイタくんは〈場の空気を読む〉ことで日本語を理解できないというハンディを乗り切っていた。

しかし、今井先生は、ケイタくんが乗り切れなかった困難についても思い返す。ある日、校外での練習の帰り、部員たちが有料駐輪場から自転車を引いて出てくる中、ケイタくんだけがなかなか出てこなかった。おかしいと思って様子を見に行くと、ケイタくんは精算方法がわからず、駐輪場を出ることができずにいた。このときのトラブルを、今井先生は、「発達障害」だからではなく、あくまでも日本語がわからないことに伴うつまずきだったと捉えている。

そんなふうにケイタくんを見ていた今井先生は、ケイタくんのために、練習メニューを〈アルファベットで表したり〉といった工夫をした。このため、ケイタくんがメニューを〈読めへんことはなかった〉という。だがそれでも今井先生は、当時を振り返って唇をかむ。

今井先生　もう、純粋に、私はもう、英語が全くダメで。なんにも伝えられなかったんです。だからもう、メニュー、紙見て、10本行けとか、それをもう、指さしながら、日本語で説明して、本人、首かしげながら、あいつについてけっていう感じの指示しかできなかったんで。もしやけども、私がもっと英語が堪能やったらば、もっとケイタくんに伝えることができたのかもしれへんなって思いながら。

このように、今井先生は、ケイタくんには日本語にまつわる困難があったにもかかわらず、それを自らの語学力によってサポートできなかったことを心残りに思っている。そんな今井先生は、当時のケイタくんと教員たちのかかわり方を、次のように振り返っている。

今井先生　この子らの場合は、日本語指導の森先生も、もちろんかかわられますし、担任の古川先生いう、その先生もかかわられますし。そういう意味では、他の特別支援学級におる子とか、中学生に比べたら、大人からはすごいよくかかわってもらえてる環境にあった子なんです。っていうのと、この子の場合、ルーツが、ケイタくんっていう日本の名前ではあるんですけども、フィリピンの部分があったので、どう言ったらええかな、自分で、日本で生きていく土台をつくっていかなあかんっていう、その環境にあった部分があって。なおさらのこと、自分で、こう家庭を築けるくらいの生活力を、中学卒業したらいまやし、その後、進学すんやったらそのときに、持ってなあかんねんでっていうかかわり方は、多くされてきてたかなと、思うんですね。そういう意味では、他の生徒に比べると、意識は強く、かかわりされてきたかなと思います。けど、本来は、どの子も必要なことであって、高校行くなら、高校の先のキャリアまでイメージしーやとか、夢求めやっていう話にはなるんですけど、同じやったと思うんですけど、この子らの場合は、そういう発言をする、かかわりをする大人が、多かったかなと思いますね。

このように、今井先生から見れば、外国にルーツのあるケイタくんは〈自分で〉〈日本で生きていく土台をつくっていかなあかん〉という状況にあったがために、〈高校の先のキャリアまでイメージした進路指導を受けることが多かった。

今井先生の後、中学3年生になったケイタくんの部活動を見守っていたのは、大塚先生だ。大塚先生は、部活動だけでなく、5組の担任としても、ケイタくんを見守っていた。さらに大塚先生は、吉田中学校に赴任する前にも、3年以上、特別支援学級の担任をした経験を持つ。そんな大塚先生は、ケイタくんの学校生活を、どのように見ていたのだろうか。

大塚先生　あの子が、多分、こっち（日本）に越してきたんが、中学1年生か。で、私が出会ったのが、2年経ってたので、ま、日本語はたしかに、わからへん言葉とか、ちょこちょこあって、「何々ってなんですかー」っていうのを聞いてきたりしたことはあったんですけど、なんせ、こう、雰囲気でなんとなく付き合えるように、ケイタくん自身が成長してたので、その言葉の壁みたいなのが、そこまで高いものに、私自身は感じませんでしたね。はい。ま、障害のある子、っていうことで言うとー、うーん、何に困っとったかな。うーん、なんか、物覚えてられへんとか、そんなことですかね。とにかく、人付き合いとかは、上手にしてたんでね。

大塚先生は、ケイタくんを見守る中で、〈言葉の壁〉も〈そこまで高いものに〉感じなかった。また、ケイタくんの「発達障害」にまつわる困難も、〈物覚えてられへん〉ということくらいだったと感じていた。

そして、たとえケイタくんが〈言葉の壁〉で苦労していたとしても、それを周囲の生徒たちがサポートしていたという。

大塚先生　日本語通じひんっていうこととか、あと、それがきっかけとなって、たとえば、合唱コンクールのときとかやったら、その日その日に、練習場所が変わっていったり、練習時間がクラスによって異なったりする中で、一応、それについとってやってたっていうのは、周りの子が声掛けをして、やってくれてたんかなぁとは思いますし。

大塚先生　ケイタくんについては、ある一点、恵まれてたとは思うんですね。ま、ケイタくんの人間性に支えられてたところもあるとは思うんですけど。とにかく、多くの子と、触れ合う機会が、ケイタくんにはあった。で、授業の中でというよりも、ほんとに、いろんな生活の中で、ケイタくんの困りを支えてくれたり、ケイタくんのことをわかってくれたりっていう人が、周りにけっこうたくさんいたんで。それはほんまに、ケイタくんにとって、よかったと思いますし。

大塚先生　とにかく朗らかで、人懐っこいっちゅうか。そこは、すごく、いい、ケイタくんの持ってる、ええとこやと思いますし、そこに惹かれて、いろんな子がかかわってくれたとは思いますよ。

大塚先生がこう語るように、ケイタくんは、本人の〈人間性に支えられ〉、周囲の生徒たちからのサポートを受けながら、日本語にまつわる困難を乗り越え、学校生活を送っていた。他方、ケイタくんの「発達障害」にまつわる困難について大塚先生は、次のように振り返っている。

大塚先生　自分が、たとえば、部活のね、試合に行くーってなっても、自分自身では、公共交通機関の使い方とか、どうやっていったらええのかみたいなのは、わかってたものの、それを、こういうふうにしていくんやっていう、こっからここまで、この、あれで行って、で、こっからここまで、歩いて、何時くらいに着くんやーっていう、そういうことを、お母さんに伝えたりすんのは、できんかったですね、全く。これが「発達障害」にかかわるのかどうかは、ちょっと、わからないですけど。

このように大塚先生は、〈「発達障害」にかかわるのかどうかは、ちょっと、わからない〉と感じつつも、ケイタくんの日常に生じるつまずきを見守っていたのだった。

（ii）副教科で活躍するケイタくん

ケイタくんの中学校生活を見守っていた重要な人物が、もう1人いる。それが、副教科の原田先生だ。原田先生は、5組の該当する副教科の授業を週に2時間、受け持つ中で、カズキくんとケイタくんきょうだいとかかわっていた。そういった中で、原田先生は、2人にかんして〈違和感って、ぜんぜん感じなかった〉と語っている。

原田先生　私自身は、あんまり、あの子ら2人（カズキくんとケイタくん）に、障害の、まぁ、「発達障害」があるんだろうけども、あんまり感じたことはなかったですね。

そんな原田先生は、ケイタくんと多くの時間を共有している。授業内でケイタくんの作業を見守る中で、〈能力的に、かなり、優れたものを感じ〉たという原田先生は、ケイタくんとともにP県の

〈コンテスト〉を目指すことに決め、ケイタくんのために練習メニューをつくったり、夏休みに特訓をしたりして、見事、出場を果たした。また、夏休みには、2人だけの思い出もある。

原田先生　校門を入ったところに、植栽があったんですけど、それが、すごく茂ってたんで、全部撤去して、レンガを下に敷き詰めるっていうのを、真夏の暑いときにやってたんですけども、（ケイタくんに）「一緒にやろうか」って言ったら、「はい」って言うて。1日かけて、黙々と。

――それは、2人きりで。

2人でやりましたね。そういう、勤労精神っていうのかな、については、どちらかと言うと、どんどん、自分からこう、やってくれる。なんでも手伝います、やります、みたいな。言葉には出さないけどね。「やろうか」って言ったら、「はい」って言うて。そういう子ですね。

こうして、原田先生とケイタくんは2人で〈1日かけて、黙々と〉作業した。原田先生にとっては、ケイタくんは、〈能力的に、かなり、優れたものを感じ〉ることのできる生徒だったと言うが、しかし、この真夏の作業をケイタくんと2人きりでおこなうことに決めたのは、決して、ケイタくんの技量だけが理由ではなかった。

原田先生　人間的に、かわいかったんで。この子とならば、夏休みでも、一緒にやりたいなっていう、そういう気持ちになれる子どもですよね。

原田先生は、そんなふうにケイタくんの人間性に惹かれ、声を掛けたのだった。

(3) 中学3年生、進路選択

やがて、ケイタくんが中学3年生になると、ケイタくんも高校進学を視野に入れ、高校受験の準備を始めていく時期となる。ケイタくんが志望校を決定するいきさつは、どんなものだったのだろうか。母親のマリアンさんは、当時を次のように振り返る。

マリアンさん　オープンキャンパスに何回か行ったんですよ。いくつか学校あるんですよ。そしたら、ケイタくんは、西第二高校選んだんですよ。

——全部の特別支援学校のオープンキャンパスに行ったんですか。

そう。

——ケイタくんはなんで、西第二高校がいいと思ったんですかね。

なんか、その2つの学校は、西第二高校とちょっと違う。勉強とか、ちょっと違うんですよ。

で、西第二高校、いちばん難しい。厳しいと思う。
――じゃあ、レベルの高いところに。
ちょっと、そうなんですよ、不安で。

マリアンさんによれば、ケイタくんは、複数の特別支援学校のオープンキャンパスに行った経験を踏まえ、〈いちばん難しい〉西第二高校を志望校として選択した。こうして、オープンキャンパスの後に志望校を決めたケイタくんは、吉田中学校の教員のサポートやカズキくんの励ましを受けながら、受験に向けて準備を進めていった。

では、ケイタくんが西第二高校のオープンキャンパスに赴くまでの期間には、何が起こっていたのだろうか。森先生は、当時を次のように振り返る。

森先生　私はね、「ケイタくんは、(西第二高校は) 無理だ」って言いました。古川先生に、「特別支援学校の中でも、ちょっと難しい、職業学科のあるところを受験させようと思う」って (言われた)。私は、「無理！」って。「いや、それ、私、自信ないよ」と。カズキくんの方は、あの子はもう、どんどん伸びていったし、もう、ぜひ、絶対入れたるっていうか、もう、入れよ思ったけど、私自身は、その職業学科、もちろん、行って、頑張れるんであれば、それはすばらしいことやけども、意外と受験、難しいのでね。

このように森先生は当初、ケイタくんが西第二高校を目指すのは〈無理〉だと考えていた。だが、それを強く勧めたのが、古川先生だった。

古川先生　本音を言うと、西第二高校、どうしようかって思ってましたけど。西第二高校がいいんじゃなくて、西第一高校じゃもったいない、から始まったんで。手先、器用だったしね。

西第一高校とは、P県内の特別支援学校のうちでも、地域制・総合制の高校であり、職業学科を持たない。手先が器用なケイタくんが西第一高校に進学し、職業訓練も受けられないのでは〈もったいない〉と、古川先生は考えていたのだ。

一方、森先生がケイタくんの西第二高校への進学は〈無理〉と考えていた理由は、古川先生が考えていたような高校生活の段階だけでなく、高校入試の段階にあった。森先生は、〈自分のことを話せたり、若干、書けたり、振り返りができたり〉といった能力を問う西第二高校の入学試験の準備に、ケイタくんがついていけるかどうかが気がかりだった。また、母親のマリアンさんも、〈「いやー、ケイタくんは無理ですよー。カズキくんとは違いますー」っていう見解〉だったというように、西第二高校への進学を強く希望していたわけではないように見えた。だから森先生は、〈そこまで、無理をしなくてもいいかなぁ〉と考え、〈いわゆる、地域の特別支援学校（西第一高校）の中のトップというか、頑張ってくれたらよいかなぁ〉と思っていたのだった。しかし、そんな考えを持っていた森先生を、古川先生が説得する。

森先生　古川先生が、「いやいや、たしかに、理解力とかは、なんとかなんないけど。そこはやっぱ、真面目に、やれと言ったことはきちんとやってくれる」と。で、「だから、そのまま、地域の特別支援学校にやったら、ケイタくんはそっちに流されて、だらりんとなるやろ」と。で、「どうなるか、わからへんけど、目指してくれたらなっていうか、目指させようかなって思ってる」と。「最初っから、地域って決めちゃったら、あいつ、なんもせぇへんで」と。で、本人さんも、なんとなーく、周りが「職業学科の方に行く」って、同級生の子たち、特に、仲のいい子なんかは、「一番難しい学校を目指す」って言うてるし。

実のところ、森先生にとっては、〈本当にケイタくんに（職業学科を勧めて）大丈夫なのかなって、背伸びさせすぎてないかなっていうのが、悩み〉だった。森先生は、過去に見守ってきた外国人児童たちの姿から、〈背伸びさせすぎて、つづかない子どももいる〉ことを知っている。だから〈職業学科に入れて、この子が高校でついていけるのかな、やっていけるのかなっていうのが、もう、ずっと不安だし、いまでも本当は不安〉だというのが、森先生の本音なのだそうだ。

しかし森先生は、〈西第一高校じゃもったいない〉という古川先生の熱い思いを知ることとなる。自分自身が〈そんなに（特別支援学校の）バラエティを知ってるわけじゃない〉という自覚もあった森先生は、ケイタくんの進路について、もう一度、考え直すようになった。そんな中で、原田先生と〈コンクール〉に取り組むケイタくんの〈真面目にやってる〉姿を見て、〈そういうのを磨けるっていうのになったら、職業学科に行ったほうがいいだろうし、それでやっていこうかなっていうふうに、ちょっと、気持ちが切り替わった〉。

その頃、ケイタくん自身も、仲のいい友達が〈職業学科の方に行く〉と言うようになったことで、そちらに目が行くようになっていたという。

森先生　このクラスの中で、一番仲がよくって、ケイタくんのお世話をしてくれてた子がいるんですけど。その子は、もう、能力的にも高かったから、そりゃもう一番難しいところ（南第一高校）行くやろって。で、なんか、そこに引っ張られるように、本人も「行きますー」とは言ってて、本人もそう言うてるしって。じゃあ、まぁ、いいですよと。受かるかどうかはわからないけど、まぁ、たしかに、地域のってなったら、のんべんたらりんととはなるよなーっていうのはあったから。まぁ、その友達に引っ張られるように行くんであれば、「行くって言うたならやれやー！」っていうので、やらせてみたんではあるんですけどね。

こうしてケイタくんは、仲のいい友達が南第一高校を目指すと言っていたために、南第一高校に行きたいと言うようになっていた。南第一高校とは、西第二高校と同様、職業学科を持つ特別支援学校だ。しかし、このとき教員たちは、ケイタくんが南第一高校に進学するのは〈絶対、無理〉だと考えていた。

森先生　ケイタくんは、「南第一高校に行きます」って言ってて。で、古川先生も私も、「南第一高校は絶対、無理です」って。……南第一高校は、トップクラスで、「本当に、支援がいるの？」ってレベルの子しかとらないので、（ケイタくんは）支援バシバシいるような子ですし、本当、丁寧にやってくれる高校の方がいいので、「南第一高校は無理やしー」って。「間違って通っても、あんた、ついていけへんわ」って。この子のためにはならへんので、まぁまぁ、本人の意志で南第一高校って言うので、「ほな、がんばりや」みたいな感じで、最初は言うてましたけど。２人（森先生、古川先生）とも、「南第一高校は無理やし」。で、校長も、進路指導をずっとやってた校長で、「いやー、まだ、カズキくんの方が南第一高校っていうなら、まだわかるけど」って。「ケイタくんの南第一高校は無いやろー」っていう状況でした。ただ、料理が好きで、料理人、料理の勉強もしたいので、食品加工のコースがある、南第一高校に行きたいっていう、一応、筋の通った話にはなってました。

このように、森先生、古川先生、校長の3人が、揃って、ケイタくんの南第一高校進学は難しいと判断していた。そして、ケイタくんに合っていて、かつケイタくんが進学できる可能性があるのは、西第二高校だと考えていた。

森先生　ちゃんと可能性があるとしたら、西第二高校って言ってたんですよ。西第二高校は、人数が少ないんです、定員が。だから、けっこう、きめ細やかに見てくださるっていうのもあって。(西第二高校は) 1年生のときからいろんな経験をさせながら、資格をとらせてくれるんですよね。なので、どう転んでいっても、手に職もついてくるし、まぁ、1つ1つの目も行き届いてるので、支援のいるケイタくんには、西第二高校しかないやろなっていうのが、教師側の判断。で、まぁ、南第一高校言うてるけど、西第二高校もちゃんと見てきって言って、あんたオープンキャンパス、きちんと見てきてないやろって、ちょっと、西第二高校方向に、私たちの方が、進路づけていった感じですよね。

こうしてケイタくんは、森先生たちに勧められ、西第二高校のオープンキャンパスに赴いた。冒頭のマリアンさんの語りによれば、そのオープンキャンパスで、ケイタくんは西第二高校に進学したい気持ちになる。しかし、実際には、ケイタくんはその後も、南第一高校に行きたいと言いつづけていた。

森先生　ほんっとにね、あいつ、とんちんかんやから、ずっととんちんかんなこと言ってましたので、最後まで。とどめを、私が刺したんじゃないかな。古川先生には、また、ここで、その友達がいるから、もう、西第二高校に傾いてきてるのに、「南第一高校です」とかって言うので、「もう、大丈夫です、1対1のときに、もう、こう（西第二高校）って言わせてます」って。

こうしてケイタくんは、森先生たちに西第二高校の方向を見るようにと〈進路づけ〉られていったのであった。

このときの進路指導の様子を、実際に目撃していた人物がいる。それは、私とともに、吉田中学校の日本語教室の活動に学生ボランティアとして参加し、ケイタくんを始めとする外国につながりのある生徒たちの学習をサポートしてきた大学院生だ。その人物が書いた、ある日の日本語教室での様子の記録が残されている。

ケイタくんが15分かけて書いた作文を、私がチェックすることになった。作文のテーマは「私は西第二高校職業学科で何をやりたいのか」。ケイタくんは日本語がまだまだ苦手ということもあり、内容や文法がしっかりとしていなかった。森先生から頼まれて、私はケイタくんと会話をして、ケイタくんの思うところを整理することになった。

西第二高校職業学科では介護やクリーニングを学べるというが、ケイタくんが本当にやりたい仕事は、消防士や海上保安官だという。私はそれをメモに書き留めた上で、それらの職に就くためには、高校を卒業して公務員試験に合格しなければならないことを説明した。その間、ケイタくんは関心を持って話を聞いていたようだった。しかし、そこに森先生がやってきて「職業学科の学校を受験するのに（そこの学校では学べない）消防士の話を書いたら『なめてんのかー！』って落とされるでー」と注意を受けた。私は、そもそもなぜケイタくんが職業学科を受験する路線が固定化されているのかということに疑問を抱いたが、ここでは質問できなかった。

ケイタくんの夢を実現するためには、難しい試験を突破しなければならない。日本語能力もおぼつかないいまのケイタくんを見ていると、その実現は決して簡単ではないことがわかる。森先生はそれを見通した上で、堅実な職に就ける職業学科を推したのかもしれない。しかし、それはケイタくんの意思なのだろうか。「ケイタくんは西第二高校のオープンキャンパスに行って、生徒さんたちの技を見てすごいって思ったんやろ？　それで自分もそうなりたいって思って、あの学校行きたいなってなったんやろ？」（森先生）。「うん」（ケイタくん）。

このように、進路指導は、この大学院生が聞いたケイタくんの思いとは別の方向に、森先生が引っ張る形でおこなわれていたことがわかる。ここで言及されている、オープンキャンパスをきっかけに西第二高校を志望校として選択するという出来事は、教員たちの〈進路づけ〉の中で起きていたことであり、それに先んじて起きていた、教員同士の判断の擦り合わせについては、すでに見てきた通りだ。

なお、ここで、さらにもう1人、中学3年生のケイタくんの担任だった大塚先生の振り返りを見ておきたい。大塚先生は、〈進路にかんすることっちゅったら、古川先生が、よーく（ケイタくんに）お話してくれてた〉と言うように、自らよりも古川先生が進路決定に強くかかわっていたと認めた上で、次のように振り返っている。

大塚先生　カズキくんが西第二高校に通ってるし、お母さんも、西第二高校やったら勝手もちょっとわかるし、そっちにやりたいっていう、思いがあって。で、なんか、本人の思いっちゅうよりも、カズキくん行ってるしー、お母さんもそう言うてくれるしー、ほな、西第二高校にしよかーっていうふうにして、決まっていった印象は、少なからずありますね。その点、さっき言うてた、キャッチボール一緒にしてたクラスメートは、断じて南第一高校に行くって言ってたんですけど、その友達との付き合いで、自分も一緒に南第一高校に行くっていう、そういうなんか友情的な気持ちっていうのは、ちょっと、稀薄やったんかな、みたいな。それがケイタくんの特性の1つなんかなって、ちょっと思いましたけど。西第二高校に行くって決めたときも、それに向けて、いろんなね、なんか受験の準備とか、作文の準備とか、一生懸命、一応、やってましたし。前向きには捉えてたとは思いますけどね。普通高校の方にっていう、普通高校に行けへんしっていうので、悲観的になるわけじゃなく、前向きに、一生懸命、がんばってやろうとは思ってましたね。

このように、同じ5組の担任でありながらも、進路決定に強くかかわっていない立場にあった大塚先生にとっては、古川先生を中心として決められたケイタくんの進路は、〈カズキくん行ってるし〉という、カズキくんの状況ありきで決まったものに見えていた。さらに、森先生の話によればケイタくんは始終、南第一高校を目指していたにもかかわらず、森先生や古川先生の方針で、西第二高校に進学するように〈進路づけ〉られていた。そんな中で西第二高校を選ぶことになったケイタくんの姿は、おそらくその経緯を詳細には見てはいなかった大塚先生の目には、〈友情的な気持ち〉が〈稀薄〉と映り、〈それがケイタくんの特性の1つ〉と認められることになっていた。ここからは、〈ケイタくんの特性の1つ〉が教員たちの力によってつくり出されていたことを読み取ることすらできる。

以上が、ケイタくんが志望校に西第二高校を選択するまでのいきさつだ。最後に、当時を振り返ったマリアンさんが語ったことに目を向けたい。

マリアンさん　吉田中学校の先生たち、めっちゃ、すごいサポートしてるんですよ。なんか、書くじゃないですか、いっぱい。

——作文、やってましたね。

作文、そうそうそう。あれも、一生懸命ね、先生たちが教えたし。すごいサポートしてるんですよ。そこで、すっごいありがたいんです。

マリアンさんは、ケイタくんの受験のために吉田中学校の先生たちが〈めっちゃ、すごいサポートして〉いたことを、〈すっごいありがたい〉と捉えて語っていたのだった。

第3節　高校進学後の2人

森先生は、西第二高校に進学した後のカズキくんとケイタくんの状況についても話してくれた。カズキくんは、西第二高校進学後も、さまざまなコンクールに出場し、入賞しているという。森先生は、そんなカズキくんを、〈リーダーとして、文武ともに前に出る存在〉として捉え、今後の活躍にも期待を持っている。

一方、ケイタくんについては、西第二高校からP県教育委員会に日本語指導の依頼があり、その結果、ケイタくんは西第二高校進学後も日本語指導を受けることとなったという。しかし、森先生は、ケイタくんの課題は「発達障害」にかかわるものであり、〈中学卒業の時点では、ケイタくんへの日本語指導は必須ではなかった〉と捉えている。このため、ケイタくんのための日本語指導を要請する西第二高校の判断に批判的な思いを抱いている。

西第二高校の教員たちがケイタくんについてどのような捉え方をしており、またどのようなかかわり方をしていたかは明らかにできておらず、進学後にまでつづく議論の全容を知ることはできていない。しかし、ケイタくんの進学後の支援をめぐって見られるこのような動きは、「外国人であること」

と「障害児とされること」の間で、教育現場での支援の考え方が揺れつづけていることを示唆している。

第4節　10通りの〈現実〉

カズキくんとケイタくんが「発達障害」と認められ、特別支援学校に進学するに至る経緯を10人の語り手に尋ねてみると、それは10人それぞれによって全く異なる見え方をしていた。そして、10通りに異なる捉え方、感じ方があった。その10人それぞれの見方を、簡略に表5にまとめた。表中では、カズキくんやケイタくんのそれぞれの「発達障害」と特別支援学校への進学について、それぞれの語り手たちが何を言っていたかについて、要点を押さえた。これらを通して眺めるだけでも、10人の見ていた〈現実〉がいかに多様であったかを知ることができる。

注

（1）ただし、古川先生は以下のように語っている。「この2人（カズキくんとケイタくん）は、他に何もなかったんやね。自閉症とか、ADHDとか、そんなのはなかった。識字（上の問題）もなかったし。なかったから、よかったのかもしれない」。

寺田先生	・カズキくんが「発達障害」かどうかは「グレーな状態で」判断した。「ほんまにどうかって言ったら微妙」。 ・カズキくん本人の「ハタチになった頃」をイメージして判断した。 ・お母さんも「同じ悩み」を持っていたから、「発達障害」に「持ってった」。	・カズキくんが「ハタチになった頃」を見据え、「職業的な学習」のできる特別支援学校へ。 ・カズキくんが「発達障害」かどうかは問題にせず、進学のために、療育手帳を取得させた。
ハンナさん	・マリアンさんはカズキくんが発達検査を受けることに強い抵抗を示していた。教員たちのやり方に不信感を抱いていた。 ・急に日本に来て、発達検査を受けても、「普通」になるわけがない。 ・発達検査を受けたら「逃げられない」。	・本人たちがいくら悩んでも、決定するのは学校の先生たち。 ・マリアンさんを説得した「あの日」がなかったら……。
原田先生	・2人に「発達障害」があるような「違和感」は感じなかった。	・進路選択にはかかわっていない。知らない。
小島先生	・カズキくんが「発達障害」だとは感じず、他の子と同じようにかかわった。 ・カズキくんには日本語の困難が大きかった。	・特別支援学級と通常学級の「成績の付け方の違い」がカズキくんの進路を限定した。
今井先生	・ケイタくんに「発達障害」に伴うつまずきは感じなかった。 ・ケイタくんは日本語ができなくても、練習にはついていける。でも、説明を理解できてはいない。	・日本で生きていく土台をつくらなくてはならない状況だからこその進路指導になっていた。
大塚先生	・ケイタくんはものをおぼえられない。 ・ケイタくんは人付き合いは上手。生きづらさを感じている様子はなかった。困りごとは、日本語が通じないこと。	・本人の意向というよりも、周囲の判断。 ・ケイタくんに「手に職を」という古川先生の意向が大きかった。

表5　10通りの〈現実〉

	「発達障害」について	特別支援学校への進学について
マリアンさん	・2人は「発達障害」ではない。「検査でも問題はなかった」。2人は日本語が習得できていないため、「ゆっくりdevelopment」なだけ。 ・あくまでも学校の先生たちがケイタくんを「心配して」、検査を受けることになった。	・普通の学校に行きたい思いは「あきらめた」。 ・フィリピンだったら「普通の学校」に行ける。 ・父親の協力が重要だった。 ・吉田中学校の先生たちのサポートには感謝している。
森先生	・マリアンさんから聴いた成育歴も含めてカズキくんの「発達障害」があると判断。 ・寺田先生が冷静に判断していた。 ・ケイタくんには自閉的傾向もある。 ・ケイタくんについてマリアンさんは、「わかってますって感じで」受けいれていた。	・ケイタくんの進学先は特別支援学校が前提。 ・入試が難しいため、ケイタくんの西第二高校進学は無理だと思っていた。 ・ケイタくん本人は南第一高校を希望していたが、教員の判断は西第二高校。「進路づけていった」。
古川先生	・2人は「発達障害」だが、他の障害はない。自閉的傾向もない。 ・「一般学級に置いておけない」生徒に特別支援学級を勧めることもあり、その一環でもあった。 ・お母さんは発達検査の結果にショックを受けていた。	・カズキくんの高校卒業を前提に話を進めた。 ・カズキくんが母子世帯に似た状況に暮らすことを踏まえ、療育手帳を活用して生きていくことを提案した。 ・カズキくん本人が「(普通の学校で) 訳わからない勉強はしたくない」。だから特別支援学校へ。 ・ケイタくんは「西第一高校じゃもったいない」。
山崎先生	・カズキくんの「忘れ物」が多いのは「発達障害」だけが原因ではない。家庭的な背景も影響している。 ・カズキくんには「日本語で伝えられない」という悩み、苦労があった。	・カズキくんにはスポーツでの進学を勧めたかったが、家庭環境などを含めて考え、将来の就職を重視した判断になった。 ・必死に考えた結果として特別支援学校への進学を選ぶのは「いい」。

第5章　外国人児童が「発達障害」になる過程

「日本語の理解がしんどかったんかな」。「言葉だけの問題じゃないよね」。「『発達障害』かどうかではなくて」。「仕事がないと生きていけない」。「もうごめんなさいとは言えない」……。

カズキくんやケイタくんをめぐる〈現実〉は、それを見る10人それぞれによって異なり、まさに10通りだった。10人の立場や経験、思いはそれぞれで、だからこそ多様な見方があるし、そのどれも決して間違ってはいないだろう。それぞれがそれぞれに熱心に考え、判断していたのだ。

だが、ここからは〈事実〉が10通りあるとの見方を、思い切って捨てていきたい。10通りの〈事実〉の一方には、紛れもない1つの「事実」がある。それは、カズキくんとケイタくんが「発達障害」とされ、特別支援学校へ進学したことだ。この一定の「事実」は、一体、どのようにして成立したのだろうか。

第1節　「外国人としての困難」と「障害児としての支援」

10人の話を振り返ると、わかることがある。それは、カズキくんとケイタくんが「外国人としての困難」をたしかに抱えていたということ、そして、それへの対処として「障害児としての支援」があてられていたということだ。このことは、カズキくんをめぐるいくつかの話から、より鮮明に知ることができる。

【1】寺田先生　日本語の上達というか、学力で考えてったら、まず、普通高校には進学できない可能性が高い。で、進学したとしても、ついていけない可能性が高い。それやったら、日本の制度の場合、特別支援学校の方が、職業的な学習ができる。っていう、先のことを考えて。あの子が卒業した後、っていうかハタチになった頃に、いま、日本でどうやって生きていくかっていうことをイメージして、えー、うーんと、「発達障害」かどうかということではなくて、特別支援学校に入れるために、特別支援学級に入れました。で、あの子が「発達障害」かどうかっていうのは、問題にしてないです。で、いま、日本の制度上、特別支援学校に入れるためには、療育

手帳が必要。療育手帳が必要なので、療育手帳を持つためには、っていう順番かな。

【2】古川先生　理屈抜きで、高校は卒業しよう、から始まりました。あのね、別に、働く力はあるんですけど、実際、そんな就職先、無いですから。それに、お父さんと一緒に暮らせるかわからないっていう家庭環境でありましたし、お母さんにもしものことがあったらどうなるかわからないわけですよね、あの子たち。そういう意味では、発達に支障があるということで、療育手帳ももらっているわけですから、それを活用して生きていく。

【3】山崎先生　カズキくんたちは母子家庭みたいなもん。で、経済的にもかなり不安定。っていうのは、やっぱり、そこが、ちょっとねっていうところはあります。そこでね、勉強して頑張れって言われても、基礎学力がダメやし。いまから、アメリカ行って、ドイツ行って、勉強しって言っても、私たちでも、それ厳しいなっていうのがありますし。そういう状態に、カズキくんたち、置かれて、その中で必死に考えた結果なので。

【1】の寺田先生は最初、〈日本語の上達〉という、「外国人としての困難」を挙げていた。そして、その乗り越えが難しいことが、〈普通高校には進学できない可能性が高い〉ことや〈進学したとして

も、ついていけない可能性が高い〉という、さらなる「外国人としての困難」につながると考えている。

しかし、そういった困難にあてられるのは「外国人としての支援」ではなく、「障害児としての支援」だった。〈特別支援学校の方が、職業的な学習ができる〉という目的のために、カズキくんは、〈「発達障害」かどうかということではなくて、特別支援学校に入れるために、特別支援学級に入れ〉られるというように、「障害児としての支援」の対象となることになった。

【2】の古川先生は、話の前半では、「外国人としての困難」を挙げている。〈高校は卒業しよう、から始まりました〉というように、高校進学および卒業が困難なことと、それだけでなく〈お母さんにもしものことがあったらどうなるかわからない〉という、フィリピンから母子で来日した子ども特有の困難も挙げている。これらは「外国人としての困難」にあたる。

しかし、ここでも話の後半では〈療育手帳ももらっているわけですから、それを活用して生きていく〉という「障害児としての支援」が想定されている。

【3】の山崎先生は、カズキくんの困難を〈母子家庭みたいなもん〉であり、〈経済的にも不安定〉なこととも結び付けて考えていた。これらは古川先生の話と同様、フィリピンから来日した子どもに特有の背景と結びつきの強い困難であり、「外国人としての困難」と捉えられる。〈基礎学力がダメ〉ということについても、それはたんにカズキくん自身の学力の問題というよりも、直後で、いきなり

外国で勉強するのは〈私たちでも〉〈厳しい〉と言っているように、山崎先生はこれを「外国人としての困難」と捉えている。また、実は山崎先生はこの話の直前に、〈文化の違い〉の困難も挙げている。山崎先生は、カズキくんが直面していた複数の「外国人としての困難」を捉えていたのだ。その上で、〈その中で必死に考えた結果〉として採用されたのが、特別支援学校への進学という「障害児としての支援」だったと、山崎先生は考えている。

このように、教員たちはカズキくんが「外国人としての困難」を抱えていることを認めながらも、それに対処する方法として「障害児としての支援」を選んでいた。では、このちぐはぐな対応は、いかにして可能になったのだろうか。それは「発達障害」の曖昧さがなせるわざだった。

第2節　「発達障害」の役回り

「外国人としての困難」と「障害児としての支援」を結び付けたのは、他でもない「発達障害」だった。そのとき、「発達障害」はいかなる役割を果たしていたのだろうか。カズキくんとケイタくんが「発達障害」と認められるまでの話を振り返ってみよう。

【4】森先生　中学校で、もう、進路決めていかねばならないし。私としては、様子を見ながら、特別支援の方のクラスであったり、ま、クラスまでいくのか、なんらかの支援は必要だなっていうふうに、思っていたんです。で、まぁ、カズキくんが入学して、担任の先生の方（寺田先生）も、特別支援学校で働いた経験もある方だったんですね。で、すごく、熱心やし、そこらへん、冷静に判断する方だったので、「いや、そうですよ」と。

【5】寺田先生　カズキくんの場合は、「発達障害」ってなってるけども、ほんまにどうかって言ったら、微妙です。ライン的には。ただ、その「発達障害」かどうかっていう、ま、教師やから診断はできひんのですけども、その可能性を考えたときに、どうしてもやっぱ、本人とちゃんとコミュニケーションがとれへんことで、ほんまに「発達障害」かどうかってとこで、すんごく悩みました。お母さんの話を聞いたり、そこらへんから、行動的にはあり得るなっていう、超グレーな状態で特別支援学級に回した経緯はあります。

まず【4】の前半を見ると、森先生はカズキくんに〈なんらかの支援は必要〉と思っていたが、必ずしも「障害児としての支援」を想定してはいなかった。だが、話の後半に見るように、寺田先生がカズキくんの「発達障害」の疑いを〈冷静に判断〉したことを受け、森先生もカズキくんを「発達障害」を抱える児童として捉えていくようになった。

しかし【5】を見ると、その寺田先生自身は実は〈冷静に判断〉していたどころか、〈すんごく悩み〉、〈超グレーな状態で〉判断していたとわかる。こういった寺田先生の〈悩み〉は、寺田先生が特別支援学校で働いていた経験があるという背景により見えづらくなり、森先生には〈冷静に判断〉されたものとして、寺田先生の見解が受けいれられていた。しかし、寺田先生が認めるように、その判断はこの時点ですでに〈超グレーな状態〉の曖昧なものだった。

だが【1】で見たように、寺田先生には当初から、カズキくんを職業学科のある特別支援学校に入れたいという思いがあった。そんな思いのもとで下されたきわめて曖昧な根拠にもとづく判断をもとに、カズキくんは発達検査を受けることに決まった。

では、その発達検査はどんなものだったのだろうか。ここでは、ケイタくんが受けた発達検査についての話を振り返ってみよう。

【6】森先生　そこで（ケイタくんに）発達検査を受けてもらった。で、もう、そこで、「言語の影響もありますからね」って（結果とともに示された）。で、みんなで、「だから、言語の問題もあるだろうけど、その問題じゃないです！」っていう話をして。で、「親御さんからの成育認識からしても、来年から別に、特別支援学級の方に行っていいよ」っていう形だったので、ええと、

療育手帳等々を取るために、また、その後、○○（判定機関）の発達検査も受けてもらいました。で、まぁ、自閉の部分あるなっていうふうに、言われたのかな、ケイタくん。あと、生活年齢とかの、見て、何かを真似したりとかは、上手なんですけど。やっぱり、推測するとかね、そういう部分だとかが弱くって。「ま、言葉の部分とかは、日本語に慣れてないから、なんとも言えませんけどー」とか言って。「でも、それだけじゃないいんだろうなって、なんとなく感じましたけど」っていうふうには、言われましたけどね。

【6】の森先生の話によれば、発達検査の場では、〈言語の影響〉という「外国人としての困難」が指摘されていた。しかし、それを受け〈みんなで〉〈その問題じゃないです！〉と反発したこと、および、マリアンさんの〈成育認識〉を踏まえることで、ケイタくんはついに「発達障害」と認められるに至った。教員の主張や、教員によるマリアンさんの〈成育認識〉の解釈と代弁により、「外国人としての困難」を訴える力は失われ、その代わりにケイタくんの「発達障害」が認められていったとわかる。

このように、医学的で正確だと思われている検査結果は、教員たちの介入によって結果が左右されるような、きわめて曖昧なものだった。にもかかわらず教員たちは、「発達障害」が医学という「正統な知」によって保証されているがゆえに、その不確実性や曖昧さに無自覚なままでいた。そして、その曖昧さと、それへの無自覚さのために、「障害児としての支援」を目標とする教員たちの意図のままに、「外国人としての困難」を抱えるカズキくんやケイタくんは「発達障害」だと決定され、「発達障害」を抱える者として疑いなき存在となっていった。

第3節　介在する語彙

しかし、ハンナさんによれば、カズキくんやケイタくんを「発達障害」ということにして特別支援学校に進学させようとする教員たちの意図に対して、母親のマリアンさんは当初、強い抵抗を抱いていた。にもかかわらず、あるときからマリアンさんが教員たちの意図を受けいれるようになった。それは、なぜだったのか。マリアンさんとハンナさんの話から探ってみよう。

【7】ハンナさん　だから、マリアンさんも、先生たちの努力、そのeffortとか、全部感じてるのと、「うん、そうやなぁ、いややけど、受けます」ってなって。そうするしかないから。

【8】ハンナさん　（マリアンさんが）「もう1人子ども（ケイタくん）いるんだけど、こんな結果

になってしまったのが、なんで、なんでやろなー」って。すごい、不思議。たしかに、さっきも言ったように、「先生たちのeffort、努力に、感謝はするけど、でも、なんでなんやろな」って、言ってました。

【9】マリアンさん　作文、そうそうそう。あれも、一生懸命ね、先生たちが教えたし。すごいサポートしてるんですよ。そこで、すっごいありがたいんです。

【7】と【8】でハンナさんが話すように、マリアンさんは、〈先生たちの努力〉、〈先生たちのeffort〉に〈感謝〉しているからこそ、教員たちのとる方法を受けいれきれない気持ちがありながらも、それを承諾するようになっていった。なにせ、そんな状況では〈そうするしかない〉のだ。これを裏付けるように、【9】でマリアンさん自身も、教員たちが自らの子どもたちを〈すごいサポートしてる〉ことを、〈すっごいありがたい〉と話している。

このようにマリアンさんは、「外国人としての困難」への対処として「障害児としての支援」を選び、その過程で子どもを「発達障害」だとしようとする教員たちに抵抗感を抱きながらも、その教員たちの〈努力〉に〈感謝〉しているがために、教員たちの意図を承諾した。このような状況では、〈そうするしかな〉かったのだ。

しかし、ハンナさんは、こういった状況を次のようにも見ていた。

【10】ハンナさん　（本人たちが）悩んでも、悩んでも、やっぱり、学校がこういうふうに進めていく上で、他のオプションがあっても、ちょっとやっぱり、難しいよね。

――中学校の先生たちの進めたい方向みたいな。

うん。本人が決めるって言われても、ちょっと、ここだけの話なんですけど、これは、ここしかないっていう方向が。正直、感じました。

ハンナさんには、教員たちの決めた方向に持っていく強い力が感じられていた。実際に寺田先生も、自らがカズキくんを〈「発達障害」やっていう方向に持ってった〉という言い方をしている。このように教員たちは、外国人の保護者であるマリアンさんには簡単には抗えない力、いわば圧力を有した存在ですらあった。ゆえに、マリアンさんにとっては〈そうするしかない〉状況、いわば教員たちの示す方向に従うしかない状況が生まれていたのだった。しかし、こういった状況は、〈先生たちの努力〉といった善意や温情をあらわす言葉でとって代わられ、この一連の過程の正当化にもつながっていった。

ここまでを見返すと、カズキくんとケイタくんという2人の外国人児童の「発達障害」とは、「外国人としての困難」への対処に「障害児としての支援」をあてようとする教員の意図を、曖昧な「発達障害」を持ち出すことで実現するものだったとわかる。また、それを実現するための教員たちによる圧力を〈努力〉などといった善意や温情をあらわす言葉で正当化することも伴っていた。

第4節　善意と温情

ただし、ここでさらに検討が必要なことがある。外国人児童を「発達障害」にしようとした教員たちの意図は、善意や温情をあらわす言葉で覆い隠された「圧力」に過ぎなかった。果たして、そう言って片づけられるものなのだろうか。

今回、カズキくんとケイタくんの2人を「発達障害」とする過程を積極的に推し進めてきた中心的人物は、森先生、古川先生、寺田先生だった。では、この3人は、どんな思いを持っていたのだろうか。一人ひとり、振り返ってみよう。

寺田先生はカズキくんの担任を受け持つ前、フィリピンから来日した児童の担任になり、〈面倒〉を見ていた。来日から1年余りという短期間で高校進学の準備を進めなくてはならなかった児童への進路指導を振り返り、〈けっこう、無理やり、ごり押しで（高校に）入れた〉と寺田先生は思っている。

寺田先生は、日本語の習得などに課題を抱える外国人児童が日本の高校に進学することがいかに難しいかを、このときに肌身で知ることになったのだ。

だからこそ寺田先生は、日本語の習得や日本での勉強に課題を抱えるカズキくんを前にして、〈普通高校には進学できない可能性が高い〉という現実をすぐに想定した。そんなカズキくんの将来を考えれば、療育手帳を取得して特別支援学校に進学し、就職をも約束されることが、もっとも現実的で有効な道に思えた。このように寺田先生は、日本の学校教育システムの中で外国人児童が直面する困難を痛いほど知っているからこそ、カズキくんにとっての最善の選択肢として「発達障害」になることを提案したのだった。

古川先生はかつて、〈日本語もわからないのに、ずーっと我慢して授業を聞いて〉いたという来日直後の外国人児童との間で、深刻なトラブルを経験した。このとき、当の外国人児童に〈やられるものが悪い〉と言われたことを、数十年経っても忘れられずにいる。このように古川先生は、日本の学校に通う外国人児童が教員たちの知らぬ間にどれほど追い詰められてしまうかを、身をもって知っている。また、それに対して〈やられるもの〉となってしまうこと、すなわち、追い詰められる彼らに何もしてあげられない教師でありつづけることにも、わだかまりを感じている。だからこそ古川先生は、日本語がわからずに〈ぼーっと座ってるだけ〉のカズキくんを気にかけたのだろうし、何もせずに〈ずーっと我慢して授業を聞いて〉いるだけの環境に置き去りにするのではなく、5組でともに学校生活を送ることを選んだ。寺田先生と同じく古川先生も、日本の学校で外国人児童が直面する困難の深さを知っている。だからこそ、彼らを「発達障害」とすることを通して、彼らの支援を引き受けたのだ。

森先生はこれまで、吉田中学校の日本語教室でおよそ20人もの外国人児童たちと奮闘してきた。やっとの思いで高校進学にまでこぎつけたにもかかわらず、〈背伸びさせすぎて、つづかない子どももいる〉ことを、森先生は誰よりも知っている。だからこそ森先生は、ケイタくんに特別支援学校の職業学科の受験を勧めるかどうかを悩んだ。しかし、それでもケイタくんの美点を〈磨ける〉場があると考え、ついに、特別支援学校の職業学科を勧めることに気持ちを切り替えたのだった。

ケイタくんのときのように森先生が外国人児童の高校進学について「弱腰」になってしまうのは、これまでに日本の学校教育システムを前にして挫折してきた外国人児童たちを、誰よりもよく知っているからに他ならない。そんな中で森先生は、彼らの直面する困難を肌身で受け止めた上で彼らを熱心にサポートしようとする寺田先生や古川先生と出会い、対話を重ねてきた。2人の経験と考えを受け止め、カズキくんやケイタくんにとって選ぶべき選択肢は何かを、つねに考えてきたのだ。そうして選ばれたのが、2人を「発達障害」にする道だった。

森先生、古川先生、寺田先生は、外国人児童が日本の学校や学校教育システムの中で経験する困難やその深さを、自らの経験を持って痛いほど知っている。そんな3人が目の前のカズキくんやケイタくんのためを思い、考え抜いて、「発達障害」となることや特別支援学校への進学を勧めるようになった。ここに見られるのは、森先生、古川先生、寺田先生の、カズキくんとケイタくんに対する、まぎれもない文字通りの「善意」や「温情」だ。

一方、この正真正銘の善意や温情は、マリアンさんやハンナさんにとっては、強い「圧力」として感じられるものでもあった。だが、その「圧力」はもう一度、〈努力〉という言葉で善意や温情として捉え直され、〈感謝〉の対象となることによって、受けいれられていったのだった。

第6章　「心理学化」で見えなくなるもの

ここまで、カズキくんとケイタくんが「発達障害」とされ、特別支援学校に進学するという一定の「事実」がどのようにして成立したかを考えてきた。では、その「事実」の一方で、「隠されたもの」はなかったのだろうか。ここからは、そんなことを考えていきたい。その隠されたものは、教育現場という限られた空間を超えるところに存在しているかもしれない。だからこそ、この隠されたものに思いをめぐらせることで、2人に起きた小さな出来事をより広い社会的な文脈の中で捉えられるようになるかもしれないのだ。

ここからは、その隠されたものについて考えるために、2人のきょうだいに起きた出来事を「心理学化」として捉え直すという方法をとっていく。「心理学化」とは、ある社会現象が心理学的な用語でもって説明されるようになることを言う。昨今の日本社会では、なんらかの問題が「トラウマ」や

「アダルト・チルドレン」、そして「発達障害」などといった「心の問題」として語られることは、そうめずらしくない。いまや見慣れたその風景の中でこそ、「心理学化」が起きているのだ。

第1節　「心理学化」により隠されるもの

では、その「心理学化」の何が問題なのだろうか。

たとえば、社会学者の土井隆義は、犯罪を「当事者の心理の問題として、きわめて個別化されて語られる現象」、つまり心理学化された現象と捉えた上で、そこでは「問題の社会性を隠蔽してしまう危険をはらんでいる」と指摘している（土井 2001: 191）。たとえば、次のようにしてだ。

少年犯罪の「心の問題」化が、その問題の社会性を隠蔽してしまう危うさは、たとえば近年の少年法改正論議にも見受けられる。従来の少年法では、犯罪少年に対する要保護性の判断を中心に処遇が決定されてきたが、「改正」された少年法には、むしろ要処罰性の判断を重視しようとする傾向がはっきりと表れている。いわば、従来の保護原則優先に対して、責任原則優先を前面に押し出すようになっている。犯罪少年のネガティヴなパーソナリティが、悪しき社会環境による獲得的要因として語られてきた時代には、加害少年の側にもいくらかの被害者性を想定することができた。しかし、現在のようにもっぱら内的要因として語られるようになると、その被害者性は低減していく（土井 2001: 193-194）。

このように、心理学化によって「その問題の社会性を隠蔽してしまう危うさ」こそが、重大な問題となってくる。心理学化が日常化する社会では「現実が心理学によって語られると同時に、その心理学的な説明が人びとに内在化されることによって、現実が心理学的な世界へと作り替えられていくことになる（土井 2001: 185）。すると、「社会現象について語ろうとするとき、その本質を社会の側にではなく、個人の内面心理の側に求める傾向」を持つようになるのだ（土井 2001: 184）。そんな社会では、問題は個別化されていく。そして、「そのような潮流に安易に乗ってしまうと、『心の問題』に潜在している社会的な問題性を逆に隠蔽してしまうことにもなりかねない」のだ（土井 2001: 191）。

もう1つ例を挙げてみよう。社会学者の野口裕二は土井と同様に、犯罪の被害が「心的外傷」を中心に捉えられるという「被害の心理学化」がはらむ問題を挙げている。すなわち、「心的外傷を生み出した直接の出来事を特定することに議論が集中して、その原因を生み出した背景や文脈への関心は薄れていく」ことや、「被害を起こした社会的文脈への関心が衰退するとともに、ひとびとの関心は個人の内部へと移される」ことなどの問題の個人化こそが、ここでもまた問題になってくる（野口

2004: 141)。

このように心理学化は、問題を個人化して社会的な問題の存在を隠してしまう力を持つ。では、そんな問題をはらむ「現実の心理学化」が社会に浸透し、社会的な問題が見えなくされつづけているときには、何をしていけばいいのだろうか。1つ挙げられるのは、この心理学化がどのようにして起こるかを解明することの重要さだ。

いますべきなのは、そのような心の物象化が社会現象としてどのように進行してきたのか、その構築過程の綿密な分析と解体である（土井 2001: 191）。

「社会的な背景を隠蔽してしまう心理学化の傾向に警鐘を鳴らし、そのメカニズムを暴いて見せること」（土井 2001: 191）。それこそが、重要なステップの1つなのだ。あらゆるものごとや現象を社会とのつながりの中から捉えてみようとすれば、「心」も「心の問題」も、「社会的達成物」だ（土井 2001: 191）。だからこそ、「心の問題」がどのようにして社会的につくられてきたか、という心理学化のメカニズムを明らかにすることを通して、問題の社会性を隠蔽する心理学化のはらむ問題点を、改めて説明できる。それとともに、心理学化によって何が隠されているかを明らかにしていけるのだ。

第2節　「心理学化」の過程に見る論点

心理学化の過程を解明することで隠されている社会的な問題を明らかにする、とは言うものの、どうやってその「社会的な問題」を考えればいいのだろう。そのヒントになりそうな視点を得るために、3つの論点について考えてみよう。ここからは、「児童虐待問題」の構築過程についての議論で上野（1996）が示してきた「心理学化」のはらむ問題点を挙げていく。

(1) 医療対象化と個人化

第一に、心理学化によって、ある問題を医療の対象にしてしまうことのはらむ問題点について。ある問題を医療の対象として捉えていくと、その問題のもう1つの側面を隠すことにもつながる。医学的なラベルをはると、「問題のイメージは社会の経済構造というマクロな連関からいったん引き離されることになるのだ（上野 1996: 20）。そして、人間関係や個人の内面、心の問題といった「ミクロな原因にその病巣がもとめられることになる」（上野 1996: 20）。このように、問題が医療の対象として捉えられ、原因が個人化されることで、マクロな視点からの議論が遠ざけられていく。

では、その何が問題なのだろうか。この、マクロとミクロが対立する「原因帰属論争」が重要になってくるのは、「どちらの原因論が支持されるかによって、政策の方向や資金の使途がまったく違ったものになるから」に他ならない（上野 1996: 27）。

たとえば、問題の原因を医療モデルにてらして当事者の「心の問題」のせいにするならば、「心理療法的な性格矯正の対策が処方される」（上野 1996: 27）。他方、貧困を原因として考えるならば、「なによりも生活条件の実質的改善が要求される」（上野 1996: 27）。このように「社会問題の原因を社会そのものの特質に探るのではなく、個人や家族のうちにもとめる発想法」のもとでは、「社会構造の骨格は基本的には健全であるとする保守主義的な過程が前提にされている」と指摘できる（上野 1996: 28）。そして、「その種の仮定から論理的に導かれる対応策が、当の個人の生活環境をなす社会的な連関からの支援よりも、個人の性格障害と家族の病理を治療する臨床的・心理学的な介入に片寄る」ことが懸念される（上野 1996: 28）。

原因をミクロに求めるかマクロに求めるかによって、社会問題に対応するための政策の方向や資金の使途は大きく左右される。そして、こういった議論でミクロの「心の問題」を主張することは、社会構造には問題がないことを示し、「社会的な連関からの支援」を軽視することと表裏になるのだ。

このように、ある問題を医療の対象として定義し個人化すると、よりマクロな問題は見えづらくされていく。同時に、実際の支援の方法や資金の使われ方を見ても、治療的な介入に片寄りがちで、「社会的な連関からの支援」が軽視されるおそれがあるのだ。

（2）専門家の役割

第二に、問題の判定方法がはらむ問題点について。ある問題が注目されてその定義が拡張されていくと、問題の判定はいっそう難しくなる場合がある（上野 1996: 29）。それは昨今の「発達障害」をめぐる状況を見てもわかることだ。「発達障害」の定義が拡大するにつれ、誰がそれに含まれ、誰は含まれないのかが、きわめてわかりづらくなってきている。

そんな状況のもとで下される判定は、問題のラベルをはる側とはられる側の、ミクロな相互作用のプロセスに大きく影響されるようになる（上野 1996: 29-30）。そうなると、問題に携わる専門家がそれを問題と判定するか否かは、人種や社会階層などの行為者に関する情報や、判定者自身の出身階層や専門知識の内容などに左右されることもある（上野 1996: 30）。

不確実で恣意的とも思える状況の中で、より多くの人の問題が判定されるようになる。すると、その問題に関わる機関は拡充され、専門家たちの人数も増えていく（上野 1996: 32）。そうなると、問題にかかわる「研究者や医療・福祉機関の関係者などによる基準が優勢になっていく」（上野 1996: 34）。

このことについて、わかりやすい例がある。１９７０年代のアメリカで、児童虐待の問題をめぐって何が起こっていたかを見てみよう。

とくに1970年代には、このように、児童虐待の曖昧な法的規定のもと、ソーシャルワーカーや裁判官たちの「個人的」な価値観にてらして、子どもが安易に親元から引き離される事態が生じ、それらの犠牲となる家族の多くが、ソーシャルワーカーたちの接近しやすい公的扶助を受けている家族、有能な弁護士を雇えない家族、ライフスタイルを異にする非白人家族であると、批判されてきた（上野 1996: 39-40）。

問題の判定が難しくなる中で、専門家たちの基準や彼らの個人的な価値観が力を持つようになるとき、そこで苦難を経験するのは往々にして、その社会で周縁に置かれがちな家族なのだった。

（3）象徴的な意味

第三に、問題を心理学化するときの象徴的な意味について。心理学化が起こるとき、そこでは構造的に優位を保ってきた側と劣位に置かれてきた側とのたたかいの様相があらわれている場合もある（上野 1996: 86）。次の文は1980年代のアメリカで女性や子どもが男性による虐待を告発し始めたことに対し、男性側が「ヒステリーだ」として女性と子どもの心の問題にすり替えて反発したときのことを解釈するものだ。

〔女性や子どもによる虐待の告発とそれへの男性たちの反発は〕女性と子どもをいつまでも信頼のおけない自分の言葉をもたない依存的な劣位のカテゴリーに押し留めておこうとする、大人・男性・権力の側の企てにたいする、年齢とジェンダーの権威の配分をめぐる闘いとしてシンボリックにとらえられるのである（上野 1996: 92）。

このように、心理学化が引き起こされる状況下には、構造的に優位な立場にある者たちが劣位の者たちを「いつまでも信頼のおけない自分の言葉をもたない依存的な劣位のカテゴリーに押し留めておこうとする」というような、権力配分をめぐる構図があることを想定に入れることができる。すなわち、ある問題が心理学化される様相を見るときには、その問題の利害関係者たちの権力関係を踏まえた解釈も有効になりうるということだ。

こういった構図の中で、もし、外国人の子どもが「いつまでも信頼のおけない自分の言葉をもたない依存的な」存在の位置を占めていたとしたら。彼らはその立場を押しつけられつづける状況を、どのように乗り越えられるというのだろうか。

（4）専門家の揺らぎと葛藤

ここまで、心理学化をひもとこうとすることで何がわかりうるかを探ってきた。ここまでの議論に登場してきた専門家は、個人的な価値観にもとづいて、弱い立場の者たちの人生を大きく左右する役回りだったし、構造的に劣位にある者を抑圧しつづける立場にも立ちうるものだった。このような整理の仕方では、専門家は、クライエントの弱さを看過し、自らの既得権益を守るだけの悪役のようにも見えてしまいかねない。

しかし、考えてみたい。専門家たちは、みんな、ただの悪役なのだろうか。

ここで、また1つ例を挙げてみたい。児童養護施設で暮らしていて、集団生活になじめず情緒が不安定になったような子どもに、施設の職員たちが向精神薬を投与し落ち着かせるという「現実」がある。これも、子どもを心理学化して治療の対象とする営みの1つだ。では、子どもに薬を与え心理学化していく職員たちを、先ほどまでの考え方にのっとって「悪役」だと言って片づけていいだろうか。

これについて教育学者の吉田耕平は、児童養護施設の職員たちは向精神薬の投与という方法をとってでも、いまの施設で子どもたちが生活しつづけられるようにすることが「子どものため」だと考えていることを、自らの調査で明らかにした（吉田 2013: 142）。手に負えないと見なされた子どもたちを施設間で転々とさせ、不安定な生活を強いがちな社会的な状況の中で、また制度を通して制限された資源と方法の中で、目の前の「子どものため」を他のどの大人たちよりも考え葛藤した上で彼らが選んだのが、向精神薬の投与という心理学化の道だったというのだ。

ここでもう一度考えてみると、専門家は「子どもの人生を恣意的に左右する」とか「彼らを弱い立場に置きつづける」といった言われ方では捉えきれない側面を持つことが見えてくる。だからこそ必要なのは、彼らを安易に悪役として捉えることではない。そうではなく、彼らが心理学化という方法をとることを選ばざるをえなかった窮状を捉えることであるに違いない。むしろ、彼らを悪役のままにしつづけてしまうことで、見えなくされることすらあるのだ。どのような窮状の中で、その道を選んだのか。それすらわからなくしてしまうのが、心理学化の力だ。だからこそ、彼らがわざわざそれを選んだ背景や理由が何だったかにまで迫る必要がある。そうすることで、彼らや現場がどのような窮状に置かれているかを知り始めることができるのだ。

第3節　外国人児童の心理学化

前置きが長くなってしまったが、ここでもう一度、カズキくんとケイタくんという2人の外国人児童が「発達障害」になっていった出来事に立ち返ってみよう。この出来事では、紛れもなく心理学化が生じている。よって、ここまでに押さえてきた心理学化を考えるための論点を踏まえて、この出来事をもう一度考え直してみることができる。この心理学化の出来事は、いかにして起こったのか。その心理学化のメカニズムは、どんなものだったのか。そんなことを、先に挙げた論点にのっとって考えてみよう。

（1）医療対象化と個人化

第一の論点は、問題を医療対象化および個人化することで、よりマクロな問題や社会的な問題が見えづらくされ、「社会的な連関からの支援」に目が向けられなくなっていくことだった。「発達障害」と認められた外国人児童の場合、当の外国人児童たちの抱える困難が「発達障害」という医療の問題や心の問題として、また個人の問題として捉えられることで、「外国人としての困難」という問題は見えづらくされ、また、その支援のための方法や資金も得にくくされてくると想定できる。

実際に、第5章の考察を見てみれば、2人の外国人児童たちは「外国人としての困難」を抱えていたにもかかわらず、彼らへの具体的な支援には「障害児としての支援」が選ばれていた。たしかに、カズキくんやケイタくんは、吉田中学校内の日本語教室の活動などを通して、日本語にまつわる支援、いわば「外国人としての支援」を受けていた。しかし、日本語教室の他の生徒と比べ、カズキくんやケイタくんは、来日から高校進学までの期間が短かった。2人のように進学を前にして切羽詰まる状況の外国人児童を支援できる「外国人としての支援」までは、準備されていなかったと指摘できる。

さらに、2人の「外国人としての困難」は日本語にまつわるものだけではなかった。母子家庭に近い家庭環境、不安定な経済状況といった困難は、一見して、日本人児童にも共通する困難でありながら、しかしそれは、フィリピンから来日してきた母子に特有の背景を持つものだった。

まず、彼らが母子家庭に近い家庭環境で育つことになった背景には、母親がエンターテイナーとして来日したときからの、フィリピンと日本をまたがる社会的な状況があったと言える。国を越えた社会な背景と切り離して、彼らの出生と家庭環境を考えることはできない。

また、貧困についても、母親がフィリピンから移動してきた労働者であること、すなわち、日本で決して待遇のいい仕事が用意されているわけではないことと切り離して考えることはできない。さらに言及すれば、彼らの経済状況の根源には、フィリピンと日本の間の経済格差が大きな影響を与えているとすら言える。なぜフィリピンから日本に出稼ぎにくるのかを考えてみよう。ゆえに、彼らの貧困という問題も、国を越えた状況と密接に結びついているのだ。

よって、彼らの家庭環境と経済状況をめぐる問題も、「外国人児童としての困難」と捉えることが妥当だ。こう考えれば、日本語教室さえ準備していれば「外国人としての困難」に対応できている、とは到底言えないとわかる。実際に、彼らとかかわる教員たちは、日本語にまつわる事柄以外の困難にも言及していた。にもかかわらず、これらに対する支援は十分に用意されていなかった。結局、カズキくんとケイタくんを「発達障害」と見なすことによって、「障害児としての支援」を用意するにとどまった。

ここから、カズキくんとケイタくんは「発達障害」とされることにより、「障害児としての支援」こそ得られたものの、彼らの「外国人としての困難」への「社会的な連関からの支援」は十分に得ることができなかったとわかる。こうして彼らが「発達障害」になっても、彼らの生活状況は改善しない。もちろん、短期間での語学力の向上や、母子家庭であることや貧困であることに、教育現場が特効薬を提供できるかと言えば、そうではないだろう。しかし、そういった困難の存在を見えづらくする力技をなしたのは、教育現場であることに違いなかった。こういったやり方が、彼らの抱える困難の根本をそのままにしてしまうことにつながるのであれば、教育現場もこれに加担したと捉えざるをえない。そして、彼らの困難への対応のために方法や資金を捻出しようとしない社会との共犯関係を強化しているとすら言えるだろう。

(2) 専門家の役割

第二の論点として捉えたのは、専門家たちが曖昧な基準のもとで「個人的」な価値観から下す判断の「犠牲」になるのは、その社会で弱い立場で生きる者たちだということだった。では、今回の出来事で教育の専門家として登場する教員たちは、どのように振る舞っていただろうか。

先に見たように教員たちは、あくまでもそれぞれが個人的な判断にもとづいて、カズキくんとケイタくんが特別支援学校に進学することこそが〈確かなルート〉だと考えていた。そして、だからこそ2人を「発達障害」にしようと試みた。教員たちが相談して連携することを重視していたのは確かだ。しかし、実は寺田先生が悩みあぐねながら判断していたことは森先生には伝わっていなかったように、また古川先生は5組の教員として、〈一般学級〉で対応できない生徒を5組に連れてくるという独自の視点に立っていたように、それぞれがそれぞれの立場と目線で判断していた部分もあったのだ。

さらに言えるのは、教員たちがカズキくんやケイタくんを心理学化の対象としたのは、彼らがより深刻な「外国人としての困難」を抱えているとそれぞれが判断したからこそだということだ。語学力、家庭状況、経済状況のそれぞれから捉えられたカズキくん、ケイタくんの抱える「外国人としての困難」はあまりにも深刻だった。そんな深刻な困難を抱えた児童たちだったからこそ、教員たちのなした今回の判断の対象となったのだ。

そういった状況の中で、もっとも弱い立場にある外国人児童たるカズキくんとケイタくん、外国人の保護者たるマリアンさんは、ほとんど何も主張できなかった。実際に、マリアンさんは教員たちの提案に抵抗感を抱きながらも、教員たちに面と向かって反論することはできず、最終的には教員たちの〈努力〉に〈感謝〉し、〈そうするしかない〉と思って、教員たちの提案を受けいれている。すなわち、深刻な困難を抱えあまりにも弱い立場にあったカズキくん、ケイタくん、マリアンさんだからこそ、教員たちの今回の判断の対象となり、またそれに反対できずにいるしかなかったのだ。

(3) 象徴的な意味

第三の論点は、この一連の過程を「権力の配分をめぐる闘い」として捉えるというものだった。すなわち、構造的に優位な立場の者たちが、劣位の者に対し、その立場を乗り越えられないようにさせつづけるための方法をとることがあることについてだ。

今回の出来事を見てみると、教員たちは、外国人児童たちを「発達障害」とすることで彼らを見下したり、抑圧しようとしていた存在ではなく、むしろ、全く疑いようもない善意から、彼らのためになる支援を誰よりも必死に探った存在だった。教員たちは、たんなる悪役として、今回の心理学化の責任を全て帰せられるべき存在ではないのだ。

しかし、意図せざる結果として、教員たちの実践が、日本人と外国人の間の権力の格差を温存し、後者を抑圧することにもつながっていた。教員たちの善意にもかかわらず、なぜ、このような結果が引き起こされたのか。それは、教員たちが他にとることのできる方法、すなわち「外国人としての支援」を見つけることができなかったからに他ならない。そんな窮状の中で教員たちが善意で用意した方法が、結果として、外国人児童とその保護者にその構造的に劣位な立場を乗り越えられない存在でありつづけることを強いることにつながったのだ。

では、この窮状はいかにして用意されていたか。それは、「包括的な移民統合政策」不在のもとで日本人のための学校教育システムを維持し、あくまでもその維持に資する支援のみを外国人児童に対して講じるという、日本社会および日本の学校教育システムの態度により用意されたものだった。このような社会および学校教育システムの中で得られる「外国人としての支援」は限定的だ。そして、カズキくんとケイタくんのように深刻な「外国人としての困難」を抱える外国人児童たちに対応するための方法は、きわめて限られている。そんな状況を準備し、外国人の劣位な立場を温存しようとする社会およびシステムのもと、現場で彼らへの支援を必死に模索した教員たちの善意が、翻って、外国人児童たちをさらに構造的に劣位な立場へと閉じ込めることにつながっていったのだ。すなわち、この「権力の配分をめぐる闘い」は、マクロな社会やシステムが用意した状況のもとで、皮肉にも、ミクロな現場での善意と温情を通して実現されるものだったのだ。

(4) 外国人児童の心理学化のメカニズム

では、そもそも今回の出来事で心理学化が成立したのはいかにしてなのか。まずもって言及しなくてはならないのは、すでに再三にわたり指摘したように、カズキくんとケイタくんの「外国人としての困難」が深刻であるにもかかわらず、「社会的連関からの支援」が期待できないという絶望的な状況があったことだ。それは、「包括的な移民統合政策」不在の日本で、あくまでも日本人のための学校教育システムを維持するといった意図のもと準備された状況そのものだった。

深刻な「外国人としての困難」を抱える外国人児童のためにアクセスできる支援に限りがある中で、現場の教員たちは、「障害児としての支援」を利用することを思いついた。彼らにとっては、それしかなかったからだ。すなわち、資源の少なさゆえ、外国人児童を「発達障害」にする、ひいては心理学化するしかない状況が生まれていたのだ。

しかし、いくら資源が少なく、心理学化する必要が生まれていたとはいえども、なぜそれが実現できたかについては、さらなる説明が必要だ。この実現には、外国人児童たちの構造的な立場の弱さが、大きな役割を果たしている。すでに指摘したように、外国人児童やその保護者は教員たちのやり方に抵抗感を抱きつつも、結局は、弱い立場からはその思いを直接伝えることは一切できず、最終的には教員たちの善意や温情に〈感謝〉してそれを受けいれるしかなかった。このように、外国人児童たちの立場の弱さは、心理学化することで彼らを支援しようとした教員たちに対して何の主張も許さない状況を生んだ。これは、ミクロな文脈でのことだ。

他方、視点をマクロに移してみれば、外国人児童たちはこの「包括的な移民統合政策」不在の日本で、構造的に劣位な立場に置かれ、かつ、その立場を克服するための支援を与えられない存在でありつづけている。そんな状況を維持する日本社会が用意してきた、外国人児童の「外国人としての困難」に対応しようと苦心するのは、教育現場の教員たちに他ならなかった。

しかし、そこにはなんらアクセスできる資源がない。そこで、彼らは善意から、「障害児としての支援」を利用することを選んだ。すなわち、マクロな社会の構造が意図する格差の温存が、ミクロな教育現場で教員たちの善意と温情を通じて実現されていたのだ。それと同時に、心理学化の作用として、その意図が隠されてすらいる。すでに指摘したように、ひとたび「発達障害」として心理学化されてしまえば、その曖昧さにもかかわらず、教育現場では「正統な知」による判断として受けいれられる。そして、医療的、個人的介入を越えた「社会的連関からの支援」の必要性は見えなくされていく。すなわち、この実践全体を通して、新たな支援の方法を探る道さえも閉ざされることとなり、心理学化された状況が正当化されるとともに、既存の社会状況も不問にされていくのだった。

すなわち、心理学化は、外国人児童たちの立場の構造的な弱さを温存しようとする日本社会の意図を実現しつつそれを隠すことに貢献する、教育現場での善意や温情から発した実践によって実現していた。ただし、これを言い換えれば、その実践を教育現場で実現させたのは、外国人児童たちを弱いままにしておこうとする意図を持つ日本社会だった。つまり、ミクロな文脈で起きた心理学化とは、外国人児童たちに困難を強いるマクロな日本社会の意図と、ミクロな教育現場で彼らに対応しようとする教員たちの善意や温情の、意図せざる共犯関係により実現したものだったのだ。

第4節　外国人児童の心理学化の意味

外国人児童に困難を強いる日本社会の意図と、教育現場の善意や温情との、意図せざる共犯関係により実現したのが、ミクロな文脈で生じた心理学化だった。これを踏まえ、この心理学化の出来事が隠してきたものをさらに深追いしてみよう。ここで重要になってくるのは、今回の出来事で外国人児童の抱える困難が「心理学化」された目的ないし帰結が、他でもなく、特別支援教育の対象になることだった点だ。

これを考えるには、特別支援教育の持つ意味に立ち返らなくてはならない。すでに第1章で示したように、特別支援教育は障害児を「通常教育」から追い出す排除の仕組みを成り立たせるものだという見方がある。また、そんな役割を果たす特別支援教育が用意されることで、「通常教育」の側は変わらないままに保護されると見る向きもある。

これを、いままでに見てきた外国人児童を「発達障害」とする心理学化の帰結として捉えたら、どのように解釈できるだろうか。すなわち、外国人児童たちの抱える困難を心理学化し、彼らを特別支援教育の対象とする実践、それ全体が、外国人児童たちを「通常教育」から排除するとともに、既存の、日本人のための学校文化や学校教育システムは不変のままに、それらを保護する営為となっていた、と捉えざるをえない。そして、その営み自体は、心理学化の作用によって見えなくされている。すなわち、外国人児童たちの個人的な問題に原因が帰属されることにより、こういった排除の仕組みがあること自体が、見えなくされているのだ。

しかも、この外国人児童の排除と日本人のための学校の保護は、よりミクロな教育現場の立場からすると、意図せざる結果として招かれている。なぜなら教員たちは、外国人児童たちの困難に対応しようと、めいっぱい考え、善意と温情を持って、特別支援教育へのアクセスという道を提案したのだから。そして、何より重要なのは、そういった善意と温情からの排除の実践を余儀なくする状況を用意したのは、外国人児童たちを弱いままにしておこうとする日本社会だったということだ。しかし、そんな社会的な文脈は、これも心理学化の作用により、見えなくされていった。そして、責任は外国人児童たち本人か、ありえても教員たちにしか追及されないことになる。このように心理学化を経たことで、外国人児童を取り巻く問題の原因の在りかはずらされ、より社会的な問題はそのままに維持されることになった。

終章　外国人児童の「発達障害」に見る日本社会

第1節　隠された意図と姿

ここまで、海外から来日したばかりの外国人児童が日本の学校に通い「発達障害だ」と認められ、特別支援学校への進学を選択するようになるという一連の出来事を見てきた。この出来事を通し、教育現場で「外国人であること」と「障害児とされること」のそれぞれの論理がどのように展開され、たたかい、折衝したかを読み解くことで、この「包括的な移民統合政策」なき日本で外国人児童と彼らを支援しようとする人々が立たされてきた状況と困難が、どのように成り立っているのかを考えてきた。

この一連の出来事について、10人の目撃者たちに話を聴くと、まさにそれは、見る人、語る人により、異なる見え方、語られ方をしていた。しかし、だからといって「事実」が10通りあるとは信じなかった。そうではなく、カズキくんとケイタくんという2人の外国人児童が「発達障害」とされ、特別支援学校に進学したという一定の「事実」の存在を捉え、それがどうやって成立したかを考えた。そうすると、大きく3つのことが明らかになった。

第一に、外国人児童の「発達障害」がどのように成立したのかが明らかになった。外国人児童の「発達障害」とは、教育現場で、教員たちが外国人児童たちの「外国人としての困難」のために「障害児としての支援」を選ぶという、ちぐはぐな対応をしていくことで実現するものだった。そして、その選択が達成できたのは、曖昧な「発達障害」概念が持ち出されることによるものだった。さらに、この「発達障害」概念を採用する過程では、外国人児童やその保護者は、その教員たちの意図や提案に対してなんら主張することはできず、そういった圧力を善意や温情をあらわす語彙に換えて捉えることで受けいれるしかなかった。こういった状況の全てがあって、外国人児童が「発達障害」とされていくのだとわかった。

第二に、外国人児童が「発達障害」になるという出来事を心理学化の視点から見たとき、このミクロな文脈での心理学化はいかにして実現したかが明らかになった。ここでの必要条件は、「包括的な移民統合政策」不在の日本では「外国人としての困難」を抱える外国人児童のためにアクセスできる支援に限りがある中で、「障害児としての支援」を利用するしか思いつけないような窮状が用意されていた、ということだ。だからこそ教員たちは、ちぐはぐな対応をせざるをえなかった。心理学化するしかない状況が、社会的に用意されていたのだ。

さらに、この心理学化を実現するための要件は、あと2つ存在していた。まず、ミクロな文脈で、外国人児童とその保護者たちの立場がきわめて弱く、教員たちになんら主張できず、彼らの提案を善意や温情として受けいれるしかなかったこと。次に、よりマクロな文脈で、外国人児童たちの置かれる構造的に劣位な立場を温存しようとする日本社会の意図を示すかのような政策がとられていること。この日本社会の意図そのものは、よりミクロな教育現場での善意や温情の実践ないしそれらの語彙を通して、教員たちの意図せざる形で実現された。そして、その共犯関係自体、原因を外国人児童本人に帰する心理学化の作用によって、見えなくされていった。

第三に、外国人児童を「発達障害」だとして心理学化するメカニズム全体が、何を意味しているかを明らかにした。今回の出来事で見た心理学化の目的ないし帰結としての特別支援教育に着目し、この心理学化の実践全体が、外国人児童たちを「通常教育」から排除するとともに、既存の、日本人のための学校文化や学校教育システムは不変のままに、それらを保護するためのものになっていたことを捉えた。この営みは、教育現場の善意と温情による、意図せざる結果としての排除の実践という形をとって実現した。しかし、こういった実践を余儀なくする状況を用意したのは、外国人児童たちに彼らのための支援を用意しようとしない、すなわち彼らを弱いままにしておこうとする意図を持つ日本社会だったことを捉え損ねてはならない。なぜなら、この社会的な問題は、心理学化の作用によって見えなくされているのだから。

現代の日本社会は、外国人児童を統合しない意図を、教育現場での善意や温情の実践を通して、心理学化という具体的な方法によって、実現してきた。また、その心理学化の作用によって、外国人児童に困難を強いている当の原因が自らにあることを隠すことに成功してきた。これが、現代の日本社会の姿だ。

第2節　外国人児童の「発達障害」の総括

それでは、今回の出来事からわかったこと全てを踏まえ、そこから得られた成果および今後に残された課題とは何かを考えてみたい。

(1) 見えなかったものの解明

(i) 外国人児童の困難の解明

今回の出来事からわかったことは何より、日本で外国人児童が直面する困難の詳細だ。だが、それを確かめるためには、まずは「外国人児童」とはどんな存在だったかに立ち戻る必要がある。今回の出来事の主役は、「発達障害」と認められた外国人児童だった。フィリピンから来日した日本国籍を持つ2人の児童を「外国人児童」として捉え、2人が直面した困難を知ろうとしてきた。

彼らが特別に持つ背景と、そのことの持つ意味としては、大きく2つが挙げられる。第一に、彼らは日本国籍を持つがゆえに、普通、外国人児童という語彙によっては「見えなくされている」。だからこそ、彼らの直面する「外国人としての困難」やそれへの対応を明らかにする仕事自体に、価値があると言える。

第二に、これも日本国籍を持つがゆえ、彼らは在留資格に由来する課題を抱えてはいない。このため、彼らが直面する困難とは、目に見える在留資格という制約にまつわる困難を乗り越えたところにある。そんな彼らの困難に着目すると、この日本社会でさまざまなわかりやすい制約を乗り越えた上でもなお外国人児童に困難を強いるような、よりソフトで根深い仕組みがあるかもしれないことを検討し始めることができる。

これらを踏まえると、今回の出来事を検討したことでわかったこととして、大きく2点を挙げられる。

第一に、「外国人児童」のうちでも、これまできわめて「見えなくされている」存在だった、日本国籍を有する児童たちの直面する困難の〈実態〉そのものを明らかにしたこと。実際に、今回の出来事を通して、そんな立場に立つカズキくんとケイタくんの2人が直面した「外国人としての困難」の存在を指摘してきた。具体的には、日本の学校教育システムにおける進学の困難、母子世帯としての困難、貧困があった。そして、こういった「外国人としての困難」があるからこそ、教員たちは2人の就労に結びつく道、すなわち2人に職業訓練を提供できる道を最善と考え、結果として「障害児としての支援」へのアクセスを選んだのだった。その結果としての選択の良し悪しは差し置いたとしても、「日本人児童」として見えなくされる彼らがいかなる「外国人としての困難」を抱えているかを、実際の教育現場での捉えられ方を通して明らかにしてきた。これは、「見えなくされている」ものを可視化することでもあった。このように、社会で見えづらかった問題を、改めて鮮明に描き出し指摘したことは、1つの社会的な仕事として捉えられるだろう。

第二に、「外国人児童」として捉えられる児童たちが、在留資格という制約を取り払ったときにもなお残りうる、彼らに困難を強いる仕組みの存在を明らかにしたこと。これはより広範で、ソフトで、根深い問題の指摘だった。すなわち、「包括的な移民統合政策」不在の日本では、外国人児童たちの立場を弱いままにし、彼らのための支援を講じないままの姿勢を維持しようという社会の意図が、彼らのアクセスできる支援や資源を制限していた。そんな状況の中、教育現場では善意や温情を持った教員たちの実践を通じて、外国人児童たちが、日本における日本人のための、あるいは「健常」の児童のための「通常教育」を保護する役割を担う特別支援教育の対象として取り込まれ、「通常教育」

から排除されていく、という仕組みが成立していた。同時に、この実践は心理学化の形をとるがゆえ、この仕組み全体がきわめて見えづらくされていた。また、この仕組みの中で外国人児童たちは、マクロな視点から見てもミクロな視点から見ても、変わらず弱い立場に置かれ、なんら主張できないままだったことも指摘できた。こういった仕組みを指摘してみると、在留資格などのあらゆる書面上の手続きを乗り越えたところにもなお残る分厚い障壁が、外国人児童たちには残されていること、そして、その障壁の論理がいかにソフトで巧妙で根深いかを知ることができた。このことは、現代の日本社会で外国人児童たちがいかに苦しい状況に立たされているかを知ることに貢献する。

このように大きく2つのことがわかったが、これらの要は、現代の日本社会に生きる外国人児童の困難の〈実態〉、およびそれをつくり出すメカニズムを解明したことだった。これを踏まえ、外国人児童の困難の〈実態〉と、それを生み出すメカニズムを詳細に知っているからこそなせる彼らへの支援の提案を、政策提言として示していきたい。

(ii) 外国人児童への支援の政策提言

ここからは、外国人児童たちの直面する困難を踏まえ、大きく3つの政策提言を試みる。なお、ここで外国人児童たちに向けた支援を考える上では、あくまでも、政策による支援を重視する。なぜなら、ここまでで明らかになってきたように、彼らを支援する現場や地域社会はすでに政策の陥穽のしわ寄せを経験しており、負担を負い、窮しているからだ。そして、そんな窮状の中で、支援者たちの善意や温情を通した排除が実現されていると証明されてきたのだ。そういった状況を反省するには、現場や地域社会の変容以上に、政策レベルでの変容が必要だ。

提案できる方策の第一は、外国人児童の「発達障害」の検査の段階を、より外国人児童に配慮したものにすることだ。具体的には、検査時、診断時には、必ず母語通訳に同席してもらうことや、言語発達や子どもの国際移動に詳しい専門家の意見も求めることが挙げられる。それらを踏まえた、改めての制度化が必要だ。あるいは、かつて「健常」の外国人児童だった「先輩」たちとのピア・カウンセリングのような場を設けることで、異国での困難の経験者の視点を通した判断を参考意見として取り入れることも有効かもしれない。

このようにして、あくまでも日本人の視点中心の臨床現場を克服しなければならない。なぜなら、教育現場や日本社会は、たとえ当人たちが意図していないとしても、日本人のための体制を保護するために外国人児童を追いやることをいとわないからだ。そんな中であくまでも「根拠を持って」信頼できる判断をしようとするならば、また真に「科学的」な判断をしようとするならば、外国人児童たちばかりが弱い立場に置かれ、日本人中心の空間で反論を許されないような現状の配置は、克服しなければならない。

しかし、そのようにより多くの関係者を臨床現場に取り込んだとしても、「外国人としての支援」

が存在しない社会にあっては、やり方が全く変わらない可能性もある。それは、これまでに見てきたことに如実にあらわれている。彼らの「外国人としての困難」の存在をより多くの関係者が認めた上で、それでもアクセスできる支援がないから、やっぱり「障害児としての支援」を選ぼう、という結果になる可能性は、大いにあるのだ。よって、変えなくてはならないのは「外国人としての支援」が不在の状況だ。

そこで、第二の方策として、「外国人としての支援」を厚く用意していくことを挙げる。ここで重要なのは、この「外国人としての支援」を考える際に、それが対応しなければならない「外国人としての困難」を、日本語にまつわるものだけとして捉えないことだ。すでに見てきたように、外国人児童たちは、彼らの移動の背景などもあって、家庭環境や経済状況にも特有の困難を抱える場合があるからだ。よって、外国人児童たちの困難を言葉にまつわるものとしてばかり捉え、その支援があるから十分、ということにするのでは視野狭窄だ。これを踏まえ、また、それが十分かどうかは別としても日本語にまつわる支援についてはすでに制度化されていることをも踏まえ、ここでは日本語以外の困難に対処できる支援の必要を、大きく2つ挙げたい。

まず挙げられるのは、学校教育のシステムの内部での支援だ。具体的には、2つの方向性が挙げられる。第一に、外国人児童個人に対応する方向性、より具体的には「日本語指導以外も含めた包括的な『特別なカリキュラム』」を設けることが挙げられる。外国人児童の日本語以外の困難を捉えること、またそのいくつもの困難への支援を意識づけるためには、この制度化が有効だ。第二に、日本人を中心に捉える「通常教育」の側の変容を促す方向性が挙げられる。具体的には、たとえば「通常教育」のカリキュラムの前提の変容、すなわち、日本人児童を前提とした教育内容を変えていくことが挙げられる。国を越え、さまざまな背景を持つ児童がそのカリキュラムの対象となることを想定した変容なくして、外国人児童を周縁においやる状況を切り崩すことは到底できない。なぜなら、ここまでに見てきたように、外国人児童を周縁に追いやる力学は、変わらない「通常教育」の保護とともにあるからだ。

次に挙げたいのは、学校教育のシステム内部での支援を越えた支援で、母子世帯や貧困世帯に対する福祉の充実が挙げられる。これらは、学校教育の枠組みでは対処しきれないものだ。だからこそ、それを越えた支援の仕組みをつくり上げることが求められる。もちろん、それが十分かどうかは別としてこれまでにも、母子世帯や貧困世帯を対象にした福祉は用意されてきた。しかし、こういった福祉の制度の中で外国人に対応するという視点が十分に含まれていたかどうかは、再検討する余地がある。ここでも、あくまでも日本人の母子世帯や貧困世帯を前提にすることで、外国人の母子・貧困世帯の困難のある部分が捉えられず、置き去りにされてきたかもしれない可能性がある。その可能性を軽視せずに、制度を改めて見つめ直すことが求められる。

しかし、ここに制度の再構築の必要性を挙げたところで、90年体制のもとでそれを実現するのは、相当に困難なことだ。よって、第三の方策として、90年体制の変革を挙げる。これまで、入管が支配してきたこの体制のもとで、他の省庁はなかなか外国人への支援を用意できずにきていた。こういった状況を変えていくためにも、第1章で紹介した「多文化共生庁」のような、外国人の支援と保護を担う部局を設けることが求められる。こうして90年体制の変容の糸口を得たところから、すでに述べてきた方策を講じることが、ようやくできてくる。

実現への難易度には幅があるものの、以上の提案を実現するためには何をなしていく必要があるかを考えていくのが、今後に求められることになる。いまやその変革の必要性は机上の空論ではないことは、ここまでにひもといてきた「事実」、実際に日本に生きる外国人児童を追いやってきた「事実」の存在が、はっきりと示している。

(2) 再検討へ

補足として、今回の試みを1つの研究成果と捉えてみた上で、これが従来の研究による知見をいかに越え、またどう貢献できたかを考えてみたい。

これまで、「発達障害」と認められた外国人児童を対象とした研究で主流となっていたのは、外国人児童の「発達障害」を所与として見て疑わないことだった。外国人児童の困難が、外国人としてのものなのか、「発達障害」ゆえのものなのかの判断が難しい。そんな問題意識を持ち、原因の全てを必ずしも「発達障害」に帰さない見方を提示しようとするのが、これまでとられてきた考え方だった。ところが、この考え方は、結局は外国人児童を「発達障害」だと見なすことから離れることはできなかった。ゆえに、「発達障害」とされた外国人児童のあらゆる行動や困難は、「発達障害」と不可分のものとして捉えられてきた。

しかし、今回の出来事を読み解けばわかるように、当の外国人児童たちが「発達障害」だったかどうか自体、きわめて疑わしい場合がある。彼らが本当に「発達障害」だったかは問題の中心でないままに、彼らがそう定義されていた場合もあるのだ。

にもかかわらず、その定義の過程には目を向けずに結果としての「発達障害」を疑いなく受けいれたところから始まる研究の信頼性は、いまや疑問を持たれてしかるべきと言える。今回の出来事を検討してみたことで、これまでの「発達障害」を認められた外国人児童たちを対象とした研究の蓄積に対し、その定義の過程に着目するという新たな視点から疑問を投げかけ、再検討を求めることにもつながる。

他方、教育現場で外国人児童に障害を認めるに至る経緯を明らかにした研究もあった。しかし、この場合にも、なぜ、いつの間にか「外国人としての困難」が扱われなくなり、「障害児としての支援」が持ち出されるようになるのかが明らかでなかった。だが、今回の出来事でそれを検討してみると、外国人児童の「発達障害」は、教育現場という限定的な空間での出来事というよりも、より広い社会的な状況の中でつくり出されたものだとわかった。このことは翻って、外国人児童を「発達障害」とする過程に目を向けることによって、より広い社会的状況を逆照射できることを示してもいる。すなわち、今回の検討によって、外国人児童を「発達障害」とする過程を検討することで得られる知見の射程が拡大されたのだ。

(3)「ひとまずの理論」を越えて

他方、今回の出来事を検討し終えてもいまだ残されている課題がある。ここまでにまとめてきたものは、「ひとまずの理論」でしかないのだ。これまで、外国人児童のうちでもきわめて見えづらくされてきた存在に着目し、彼らを「発達障害」とする実践、いわば心理学化の作用によって、見えづらくなっていた問題のありかを探ってきた。しかし、その探究によって出してきた結論が、どれほどの射程を持つかは定かではないのだ。

すなわち、これが、フィリピンから来日した児童のうち、日本国籍を持つ児童という、特定の児童たちにのみ、必要十分に説明できる話なのか、あるいは、より広く、あらゆる「外国人児童」に適用できる知見なのかは、今回の出来事のみから正確に判断することはできない。さらには、ここまで明らかにしてきた日本社会での排除の論理は、これで全てなのか、これで完結しているのか、という疑問も残る。すなわち、この論理の核心や広がりを知るためには、より広く事例を集め、検討することが必要となる。

よって、こういった不明瞭な点の検討という課題に取り組み、判断していくためには、多様な背景や困難を抱える外国人児童たちが、どのように教育現場で対応されているか、ときには心理学化されているかを、もっと多くの事例から検討していく必要がある。そういった複数の事例の検討により、他の事例から得られる新たな知見を取り入れることを積み重ねる。それによって、今回明らかになった排除の構造の理論の射程を正確に明らかにすることができるとともに、その排除の構造の核心と広がりを知ることができる。

さらには、たんに対象の多様性というだけでなく、今回は明らかにしきれなかった、医師の立場、いわば医学の言説についても、いっそう目を向けていく必要がある。これを伴うことによってこそ、心理学化のメカニズムをより鮮明にできる。すなわち、いかなる知と権力の結託があるか、そこにいかなる恣意性が忍び込んでいるかを検討することで、医学の知に保証されたかのような心理学化という現象を、より社会的な文脈の上で議論し直すことができてくるだろう。

このように、対象の多様性を考慮し、また今回はアプローチしきれなかった医学の専門知の論理も解明していくことにより、心理学化を通した排除の論理の理論を、より精緻にしていくことができるだろう。

（4）過程への着目、複数の声

最後に、今後の展望として示せるのは、今回とってみた方法論の持つ可能性だ。ここまで、外国人児童が「発達障害」と見なされていく過程、いわばその心理学化の過程に着目することを通して、これまで見えづらくされてきた現代の日本社会の一側面を明らかにしてきた。そうして、ある外国人児童の困難、あるいはある「発達障害」の児童の困難の、原因でも結果でもなく、ミクロな文脈の中で定義されていくその過程を見ていくことで、より広い社会的な状況の中で何が起きているかを知ることができるとわかった。これを踏まえ、この「過程」への着目の有効性を、今後の展望として示したい。

今回のように過程に着目するという視座は、今後、「発達障害」と認められてきた外国人児童を取り巻く状況をさまざまなレベルで明らかにすることに貢献すると期待できるばかりか、外国人児童でなくとも、これまで「発達障害」とされてきた人々や、他の言葉でもって心理学化されてきた人々などを取り巻く状況に目を向けることに有効だと期待できる。これにより、彼らの背後にある社会的な状況を明らかにするとともに、誰が、どのようにして見過ごされているかを鮮明にしていけるだろう。

その際、今回そうしたように、その過程にかかわったより多くの人々の語りに着目して、〈事実〉の多面性や複数性を捉えていくことが有効だろう。これにより、多様な「語られるもの」と「語られないもの」を収集できる。このことは、一見、「ただ1つの事実」として言えることなど、何もないかのように思わせる。しかし、ありとあらゆる視点を持つ人々の背後に共通して存在する「ただ1つの事実」、つまりそこに隠された論理や構造の姿を指摘し明らかにしていくことができるのは、この方法をとってこそだった。一見、きわめて多様に捉えられている1つの出来事を成立させた、隠された巨大な要因を知っていくことができたのだ。

このように、複数の人の目を通して、ミクロな文脈の中で何かが起きた過程を追っていくことを通して、マクロな社会状況を知っていけることがある。この視座は、今後もより広範な対象に用いられることで、この社会の隠れた意図や姿を探ることに貢献していくだろう。

参考文献

荒川智（２００３）「権利としての障害児教育の展開と課題」中村満紀男・荒川智編『障害児教育の歴史』明石書店、141-154

朝日新聞（２０１８ａ）「特別支援学級在籍率、外国人の子が日本人の倍　民間調査」２０１８年６月24日付

――――（２０１８ｂ）「（社説）改正入管法成立へ　多くの課題を残したまま」２０１８年12月８日付

Berger, Peter L. and Luckmann, T. (1966) *The Social Construction of Reality*, New York: Doubleday＝山口節郎訳（１９７７）『日常世界の構成』新曜社

Conrad, Peter and Schneider, Joseph W. (1992) *Deviance and Medicalization: From Badness to Sickness*, Pennsylvania: Temple University＝進藤雄三・杉田聡・近藤正英訳（２００３）『逸脱と医療化――悪から病いへ』ミネルヴァ書房

土井隆義（２００１）「心理学化される現実と犯罪社会学」『犯罪社会学研究』26、182-198

榎井縁（２０１７）「外国人と外国につながる子どものいま――そのさまざまな姿」荒巻重人・榎井縁・江原裕美・小島祥美・志水宏吉・南野奈津子・宮島喬・山野良一編『外国人の子ども白書――権利・貧困・教育・文化・国籍と共生の視点から』明石書店、21-24

濱口桂一郎（２０１０）「日本の外国人労働者労働者政策――労働者政策の否定に立脚した外国人政策の『失われた20年』」五十嵐泰正編『労働再審２――越境する労働と〈移民〉』大月書店、271-313

原めぐみ（２０１５）「語り始めた『ＪＦＣ』――若者組織に見るドミナント・ストーリーとモデル・ストーリー」『龍谷大学社会学部紀要』47、70-82

早川昌子・都築繁幸（2012）「自閉的傾向がある外国人児童の支援の在り方について」『障害者教育・福祉学研究』8（2）、41-45
法務省（2015）「在留外国人統計　在留資格別　年齢・男女別　在留外国人」
――（2018）「出入国管理及び難民認定法及び法務省設置法の一部を改正する法律の概要について」
堀家由妃代（2012）「特別支援教育の動向と教育改革――その批判的検討」『佛教大学教育学部学会紀要』11、53-68
細田尚美（2016）「海外就労」大野拓司・鈴木伸隆・日下渉編著『フィリピンを知るための64章』明石書店、40-45
石川准・長瀬修編著（1999）『障害学への招待』明石書店
石部元雄・伊藤隆二他編（1981）『心身障害辞典』福村出版
伊豫谷登士翁（2007）「方法としての移民――移動から場をとらえる」伊豫谷登士翁編『移動から場所を問う――現代移民研究の課題』有信堂、3-23
鍛治致（2011）「外国人の子どもたちの進学問題」移住労働者と連帯する全国ネットワーク　貧困プロジェクト編『日本で暮らす移住者の貧困』現代人文社
金井香里（2001）「ニューカマーの子どもに対する教師の認知と対処――ボーダーの形成と調整を中心に」『教育学研究』68（2）、181-191
金澤貴之（2013）「特別支援教育における『支援』概念の検討」『教育社会学研究』92、7-23
木村祐子（2006）「医療化現象としての『発達障害』――教育現場における解釈過程を中心に」『教育社会学研究』79、5-24
岸田由美（2003）「在日韓国・朝鮮人教育にみる『公』の境界とその移動」『教育学研究』70（3）58-69
黒葛原由真・都築繁幸（2011）「外国人ＡＤＨＤ児の学習行動に関する分析」『障害者教育・福祉学研究』7（2）59-73
日下渉（2016）「言語と教育」大野拓司他編著『フィリピンを知るための64章』明石書店、172-176

児島明（２００１）「ニューカマー受け入れ校における学校文化『境界枠』の変容――公立中学校日本語教師のストラテジーに着目して」『教育社会学研究』69、65-83

――（２００８）「在日ブラジル人の若者の進路選択過程――学校からの離脱／就労への水路づけ」『和光大学現代人間学部紀要』1、55-72

小島祥美（２０１７）「社会で『見えない』不就学の外国人の子どもたち」荒巻重人他編『外国人の子ども白書――権利・貧困・教育・文化・国籍と共生の視点から』明石書店、136-138

国立特別支援教育総合研究所（２０１８）「アセスメントについて」(http://forum.nise.go.jp/soudan-db/htdocs/index.php?key=mudncwnlg-477　２０１８年12月22日取得)

駒井洋（２０１５）「日本における『移民社会学』の移民政策にたいする貢献度」『社会学評論』66（２）188-203

――（２０１６）『移民社会学研究――実態分析と政策提言１９８７－２０１６』明石書店

厚生労働省（２０１８）「各障害者手帳制度の概要」

Lewis, Oscar (1959) *Five Families: Mexican Studies in the Culture of Poverty*, New York: Basic Books＝高山智博・染谷臣道・宮本勝訳（２００３）『貧困の文化――メキシコの〈五つの家族〉』ちくま学芸文庫

毎日新聞（２０１９ａ）「支援学級在籍率、外国籍は2倍　日本語力原因か　集住市町調査」２０１９年９月１日付

――（２０１９ｂ）「（社説）日本語教育推進法が成立　実効性ある施策が大事」２０１９年６月23日付

松丸未来（２０１６）「児童の場合」野田文隆・秋山剛編著『あなたにもできる外国人へのこころの支援――多文化共生時代のガイドブック』岩崎学術出版社、41-50

宮島喬（２０１７ａ）「外国人の子どもたちの現在――なぜ『外国人の子ども白書』なのか」荒巻重人他編『外国人の子ども白書――権利・貧困・教育・文化・国籍と共生の視点から』明石書店、3-7

――（２０１７ｂ）「外国人の子どもとは」荒巻重人他編『外国人の子ども白書――権利・貧困・教育・文化・国籍と共生の視点から』明石書店、16-20

――（２０１７ｃ）「義務教育以降の進路――進学の道をどう開くか」荒巻重人他編『外国人の子ども白書――

権利・貧困・教育・文化・国籍と共生の視点から』明石書店、132-135
宮島喬・加藤恵美（２００５）「ニューカマー外国人の教育機会と高校進学——東海地方A中学校の『外国人指導』の観察にもとづいて」『応用社会学研究』47、1-11
文部科学省（２００２）「外国人の子どもの不就学実態調査の結果について」
——（２００９）「障害者施策を巡る国内外の動向」
——（２０１２）「通常の学級に在籍する発達障害の可能性のある特別な教育的支援を必要とする児童生徒に関する調査結果について」
——（２０１５ａ）「外国人児童生徒等に対する教育支援に関する基礎資料」
——（２０１５ｂ）「特別支援教育の現状」
——（２０１６ａ）「『日本語指導が必要な児童生徒の受け入れ状況等に関する調査（平成28年度）』の結果について」
——（２０１６ｂ）「特別支援教育に関する基礎資料」
——（２０１７）「外国人児童生徒等教育の現状と課題」
——（２０１８）「高等学校教育の現状」
——（２０１９ａ）「『日本語指導が必要な児童生徒の受入状況等に関する調査』（平成30年度）の結果について」
——（２０１９ｂ）「外国人の子供の就学状況等調査結果（速報）」
元森絵里子（２０１５）「テーマ別研究動向（子ども）——子ども観の歴史性・構築性の反省の現在」『社会学評論』66（1）123-33
長坂格（２０１１）「フィリピンからの第１・５世代移住者——子ども期に移住した人々の国際比較に向けての覚書」上杉富之編『グローカリゼーションと越境』成城大学民俗学研究所グローカル研究センター、49-83
永田貴聖（２０１６）「日比2世10万人時代」大野拓司他編著『フィリピンを知るための64章』明石書店、370-374
日本経済新聞（２０１９）「34万人『まだ足りない』、コンビニなど対象入り望む」２０１９年４月17日付野口裕二（1999）「社会構成主義という視点――バーガー&ルックマン再考」小森康永・野口裕二・野村直樹編著『ナラティヴ・セラピーの世界』日本評論社、17-32
――（2004）「被害と克服へのナラティヴ・アプローチ」『法社会学』60、139-152
額賀美紗子（2003）「多文化教育における『公正な教育方法』再考――日米教育実践のエスノグラフィー」『教育社会学研究』73、65-83
小ヶ谷千穂（2013）「支援組織との関わりから見るJFCのアイデンティティと複層的な〝日本経験〟――『JFC研究』のための試論」『国際交流研究：国際交流学部紀要』15、189-213
太田晴雄（2000）『ニューカマーの子どもと日本の学校』国際書院
斎藤環（2003）『心理学化する社会―なぜ、トラウマと癒しが求められるのか』PHPエディターズ・グループ
境圭介・都築繁幸（2012）「発達障害が疑われる外国人児童の支援の在り方について」『障害者教育・福祉学研究』8（2）35-40
澤田誠二（2007a）「戦後教育思想としての発達保障論と『能力=平等観』」『東京大学大学院教育学研究科紀要』42、131-139
――（2007b）「戦後教育における障害児を『わける』論理――1950年代から60年代の日教組の言説を手がかりに」『年報社会学論集』20、96-107
志水宏吉・髙田一宏・堀家由妃代・山本晃輔（2014）「マイノリティと教育」『教育社会学研究』95、133-170
菅原雅枝（2004）「外国人児童の『特別な教育的ニーズ』はどのように把握されるのか――ある中国人児童の事例を通して」『言語文化と日本語教育』28、91-94
都築繁幸・森川貴章・金子誠・中山修平・川上智宏（2010）「発達障害が疑われる外国人児童への学習支援の在り方に関する事例的考察」『障害者教育・福祉学研究』2、69-75
豊田市こども発達センター・豊田市福祉事業団（2010）「豊田市における外国人障がい児の現状と課題に関する調査報告書」

上野加代子（１９９６）『児童虐待の社会学』世界思想社
――（２０１３）「児童虐待という問題の構築」庄司洋子編『親密性の福祉社会学――ケアが織りなす関係』東京大学出版会、23-41
読売新聞（２０１０）「小６自殺　いじめ『10回以上』相談　父親『学校側、対策示さず』」２０１０年10月26日付
――（２０１４ａ）「桐生いじめ訴訟　両親勝訴　県・市に４５０万支払い命令＝群馬」２０１４年３月14日付
――（２０１４ｂ）「高層階から転落か　小６男児が死亡　群馬、自殺の可能性」２０１４年12月４日付
――（２０１５）「『いじめ示す事実ない』　伊勢崎小６転落死　市教委が調査報告＝群馬」２０１５年１月20日付
――（２０２０）「外国籍の就学　包括支援　学齢簿作成、個別訪問　文科省　新年度」２０２０年１月６日付
吉田耕平（２０１３）「児童養護施設の職員が抱える向精神薬投与への揺らぎとジレンマ」『福祉社会学研究』10、125-147

あとがき

中学3年生の私には、どうしても不思議でしかたのなかったことがある。家族や教員たちや医師、その誰もが、私のことを体重でしか見てくれなくなったことだ。私が「摂食障害」と診断された、その瞬間からだった。

当時、私の体重は30キロ台前半にまで落ち込んでいて、しょっちゅう保健室や病院に引きずられては、体重計に乗せられていた。私の体重が0・1キロでも増えていれば、みんなうれしそうにしていた。なので、私が「はかりたくない」と言ったときにうなずいてくれた看護師がただ1人だけいたことは、いまでもよく覚えている。

こうして、体重だけが大問題になっていくと、私が何を気にしているか、悩んでいるかは大人たちにとって、全く意に介さぬものとなった。そして、私の体重の向こうにある問題については、めっきり誰も何も言わなくなっていった。

その頃、私は母子家庭の子どもとして、不安定な貧困の日々を送っていた。外国人で、日本社会で求められる最低限の教育を受けられなかった母親は、なかなか仕事を得られなかった。そんな時期に生活環境が大きく変わる出来事もあり、中学3年生の私は、まあまあ参っていたのだろうと思う。でも、だからといって、外国人の母子家庭の貧困に与える特効薬はない。そんなこと、まわりの大人たちはみんな、よくわかっていたはずだ。それで、とりあえず私の体重だけが、私や家族の課題になっていった。

いつの間にか当時のやせこけた姿の露ほども見られないくらいに立ち直り、すっかり元気を取り戻した私は、大学院にまで進み、やがてこの本を書き上げた。その原動力の奥底には、きっとかつてのそういう経験があるのだろうと思う。大人たちが子どもを病気や障害でしか見なくなるとき、何が言われなくなっているのか。そのとき、どんな問題が後ろに追いやられているのか。あれから10年経って出会った今回の出来事でも、どうしてもそれを見過ごせなかった。

よくよく見つめてみようとすると、かつては見えなかった大人たちの奮闘や配慮を知ることにもなった。けれど、だからといって正当化できることばかりではない。誰かを責める話でもないのは確かだ。それでも、いま「中学3年生」を生きる子どもたちを思うと、放っておきたくない思いにもなった。それで、この本に向き合った。

◇

向き合うことは、1人でできたのではない。この本は、たくさんの方々の支えがあってこそ、書き上げることができた。その感謝を、最後に述べていきたい。

まず、調査に協力してくださった方々に、深く感謝している。大学院に進学した当初からお世話になりつづけた吉田中学校（仮名）の日本語教室で、たくさんのことを教えてくださったのは、他でもない森先生（仮名）だ。誰よりも日本語教室の生徒たちのことを思い、全力で彼らとかかわっている森先生の姿からは、多くを学ばせていただくとともに、そのような現場の努力ではどうにもならないことも起こると知ることにもつながった。毎日のように次から次へと生まれてくる問題に苦闘する森先生と日本語教室の生徒たちの姿を目にし、学び、ときに誰もどうにもできないことへの歯がゆさを感じることもあった。そういった経験の全てがあって、この本のための取り組みが始まったのだ。

また、森先生は、今回のインタビューのために、多くの関係者の方々を紹介してくださった。森先生のご尽力なくして、今回のインタビューの全ては結実しなかっただろう。そして、森先生からご紹介いただいた9人の関係者の皆様は、私と初対面であるにもかかわらず、快く、貴重なお話を聴かせてくださった。皆様のそれぞれが心からお話ししてくださったことの1つ1つは忘れがたく、いままでも私の糧となりつづけている。その思いの全て、その大きさを、そのままにこの本に記しきることができなかったのは、私の力不足でもある。それほどに、それぞれの思いは深く、あたたかいものであったことを、この場を借りて、読者には加えて伝えておきたいと思う。

次に、京都大学大学院の社会学研究室で指導してくださった先生たちに、深く感謝を申し上げたい。何を隠そう、この本は、大学院で書き上げた修士論文が下地になっているのだ。

落合恵美子先生は、大学院に入学する前から、私の抱えるあらゆる個人的な背景に理解を寄せてくださり、さまざまな形でそれを支えてくださった。私が生きてきた状況を深く理解してくださっていた落合先生だからこそ、私がかねてより強い関心を持ってきた「子ども」と「障害」と、大学院での生活の中で何かと私のつまずきの種となっていた「外国人」の全てが結びつくこととなった私の修士論文のテーマに、誰よりも共感してくださり、そして応援してくださった。そんな落合先生の応援や後押しは、たくさんの迷いを抱えながらこのテーマに取り組んでいた私にとって、ほんとうに大きな支えとなっていた。他でもない落合先生が「いいじゃない」と言ってくださり、また自らの思いを研究につなげるための助言をしつづけてくださったからこそ、自分なりに考え、もがき、苦しい気分を味わいながらも、最後までこのテーマに取り組みつづけることができたのだった。

松田素二先生は、初めてお会いしたときから、「やりたいことはなんでもやったらええ」「行きたいならどこでも行ったらええ」と、私に言ってくださっていた。その言葉通り、大学院の最初の1年間、ろくに勉強していないことをごまかしつつ「いろんなところで子どもと会っています」としか報告しないような、大学院生らしくない私を、松田先生は全く否定せず、そっと見守ってくださっていた。そして、私がある子どもと交わした約束と学業との間で葛藤していたときには、「そういう約束はちゃんと守った方がいいやろう」と尊重してくださった。そのときのことを、私はいまも忘れられずにいる。そうやって松田先生が見守ってくださる中で、子どもたちとめいっぱいかかわることのできた時間があったからこそ、そしてそんな時間から得たものについて松田先生が親身に丁寧に指導してくださったからこそ、私はいまここにたどりつけたのだと思っている。

安里和晃先生は、私の大学院での生活を、予想だにしない方向に導いた。安里先生が用意してくださった授業やボランティア活動、フィリピンでの研修を通して、私はほんとうに多くの人と出会い、たくさんのことを考えた。そうやって考え、悲しんだり怒ったりした気持ちを、いつも受け止めてくださっていたのが安里先生だった。未熟なもので、小生意気な言葉でしか伝えられなかったときもある。そんなときも安里先生は決して私を見捨てず、結局、さまざまな形で、ここまでくるのを支えつづけてくださった。そのことへの感謝は、とても言い尽くせない。そして何より、この道のりの中で見てきた、フィリピンと日本の間で多くの人と向き合い、真摯に研究をつづける安里先生の姿は、これからも長きにわたって私の鑑となるに違いないと確信している。

それから、京都での生活の中で出会った人々に、深く感謝申し上げたい。当初は縁もゆかりもないこの地でやっていけるか不安でたまらなかった。そんな私がなんとか2年間学び、修士論文を書き上げるまでに至ったのは、その時間を支えてくれた人たちがいてくれたおかげだ。毎日のようにともにラーメン屋と図書館を往復しながら互いの論文執筆に励んだ許蔚欣さんや、修士論文を書き終えた後も何度も原稿を読んでくれては率直な疑問をぶつけつづけてくれた齋藤駿介さんには、とくに感謝している。2人のような友人がいなければ、終わりが見えないかのような時間の中で、私はいつか心が折れていたかもしれない。それでも彼ら彼女らのおかげで、最後まで自らの立てた課題と向き合いつづけることができた。そんな時間は、きっと今後いつ振り返っても、かけがえのないものだったと思えるに違いない。

そして、忘れてはならないのは、ここで生活しながら出会った70人以上もの子どもたちだ。外国人児童に向けた学習支援のボランティア活動や、日本人児童が大多数の学習塾でのアルバイトでは、実に多様な背景を持ち、いまを全力で生きている子どもたちと出会った。そういう中で私は、彼らにたくさんのことを教わったし元気をもらったし笑ったし、一方で、彼らのうちの誰かが抱える問題に対して、自らではどうしようもないことを思っては、ひそかに怒ったり悲しんだりもした。この本では、ある2人の外国人児童のみが主人公になっている。けれども、私がこのテーマに関心を持ち、つき動かされるように最後まで向き合いつづけることができたのは、ここまでに出会った全ての子どもたちがいたからだろうと思う。彼らとたくさん笑ったり喧嘩したり、ときには帰路で彼らのことを思ってやりきれなさを握りしめた経験が、まぎれもなく、いまに結びついている。70人の一人ひとりと何を話したか、どんな時間をともに過ごしたかは、私にとって、これからも忘れることのできない大切な宝物でありつづけるだろう。

最後に、私がここまでくることができたのは、高校3年生で出会った清水隆さんという人のおかげだ。1人の少女がたくさんの問題に埋もれて毎日を何の希望もなくただ生きながらえていただけだったのを、何の気なしに支えてくれていた人だが、昨秋に亡くなった。こんなにも早くに、清水さんに改まってお礼を言わなくてはならないことになるとは思っていなかったが、なってしまったものはしょうがないと思う。最後には、清水さんという人がいたからこそ、あの少女がここまできて、こうやって物事に向き合えるようになり、この本がここにある、ということを、きちんと書かなくてはならない。

ここに挙げた全ての人たち、また原稿を待ちつづけてくださった明石書店の辛島悠さんと神野斉さん、そしてここには挙げきれなかった人たちに、深く感謝を申し上げます。ほんとうに、ありがとうございました。

金　春喜

2020年1月

◎著者略歴
金 春喜（きん・ちゅに）
1995年東京生まれ。京都大学大学院文学研究科修士課程修了、修士（文学）。専攻は社会学。日本経済新聞社の記者を経て、現在、ハフポスト日本版のニュースエディター。

「発達障害」とされる外国人の子どもたち
フィリピンから来日したきょうだいをめぐる、10人の大人たちの語り

2020年2月28日　初版第1刷発行
2022年8月10日　初版第2刷発行

著　者　金　春　喜
発行者　大　江　道　雅
発行所　株式会社　明石書店
〒101-0021　東京都千代田区外神田6-9-5
電　話　03（5818）1171
FAX　03（5818）1174
振　替　00100-7-24505
https://www.akashi.co.jp/
装丁　清水 肇（prigraphics）
印刷・製本　モリモト印刷株式会社

（定価はカバーに表示してあります）　ISBN978-4-7503-4972-5